Umzug nach Berlin

A B2 reader for upper intermediate students of German

written by Daniela Fries

Inhalt

About this book

Thank you for purchasing "Umzug nach Berlin". I really hope you will enjoy reading it and I'm confident that it will help you boost your German language skills.

"Umzug nach Berlin" is a graded reader for upper intermediate students (B2 according to the European Framework of Reference for Languages) and was written for people who already have a good knowledge of German and know all essential grammar but still need to grow their vocabulary and sometimes struggle with complex sentence structures.

Each chapter is accompanied with vocabulary lists German–English as well as comprehension questions which will help you to find out if you understood the content correctly. The focus of this book is not grammar rules or exercises, but rather developing your skills to understand grammar in context and get used to it in a natural way.

You will also encounter idiomatic and colloquial expressions. They are relisted after each chapter and accompanied by further example sentences which will help you to understand and use them correctly.

Each chapter ends with a set of conversation questions. You can try to answer them for yourself or practice with a teacher if you take German lessons.

Reading is great but you also need to learn to speak the language. You can either follow Carla's example and find yourself a language exchange partner or you can work with a tutor or teacher. I recommend using italki if you want to practice speaking, listening and writing in German. If you sign up with the QR code below, you'll be given a small gift of 10 USD in italki credits which you can use for your German lessons. You can also find language exchange partners on italki.

Audio recordings are available on our website:
https://learngermanwithstories.com/carla4

"Umzug nach Berlin" is the fourth and last volume of a series about Carla, a young woman from Portugal, who decides to take advantage of the freedom of movement in the European Union and travels to Germany to improve her language skills, earn some money by finding a summer job, explore the country and make new friends. The level of difficulty increases with each volume.

Graded Readers for German learners: "Carla - Eine Portugiesin in Deutschland"

A1: Carla will nach Deutschland
A2: Jobsuche in München
B1: Ein unvergesslicher Urlaub
B2: Umzug nach Berlin

The four books in this series build a coherent story but can be read independent from each other as well. Starting with A2, each book begins with a summary of what has happened in the previous book and introduces the main characters.

Newsletter

Would you like to be notified as soon as the new books are available and benefit from low introductory prices? Sign up for our newsletter and you'll also receive a free short story at the beginning of every second month and get access to our subscriber library:
https://learngermanwithstories.com/newsletter

Personen

Carla ist die Protagonistin dieser Geschichte. Sie ist 20 Jahre alt, kommt aus Portugal, hat einige Monate in München gelebt und zieht nun nach Berlin. Nach Problemen mit ihrem Freund und mit ihrer Wohnsituation muss sie nun entscheiden, wie ihr Leben weitergehen soll.

Henrik kommt aus Norwegen und studiert einen Master in Berlin. Er und Carla sind seit einigen Monaten ein Paar, aber in ihrer Beziehung gibt es zunehmend Probleme.

Fernanda ist Carlas beste Freundin aus ihrer Schulzeit und hat seit kurzem eine Arbeit an der portugiesischen Algarve. Sie besucht Carla in Berlin und hofft, dass die Freundin nach Portugal zurückkehrt.

Sheila ist eine bekannte irische Schriftstellerin, die zusammen mit ihrem deutschen Mann in Berlin lebt und immer da ist, wenn Carla Hilfe braucht.

Iva ist ein bulgarisches Computergenie. Seit einer Polio-Erkrankung als Kind sitzt sie im Rollstuhl und mag Computer lieber als Menschen. Trotzdem ist sie immer bereit zu helfen, wenn jemand Probleme hat.

Dara ist Ivas extrovertierte Schwester, die in Bulgarien lebt, aber regelmäßig aus beruflichen Gründen nach Berlin reist. Sie ist sehr lebenslustig und flirtet gerne.

Andreas kommt aus einer Münchner Millionärsfamilie, will aber ohne das Geld seines Großvaters erfolgreich sein. Er lernt Carla auf einer Lesung kennen und verliebt sich in sie.

Erik ist Henriks bester Freund aus der Schulzeit. Er studiert Informatik in Berlin und ist immer bereit, sein Schlafsofa zur Verfügung zu stellen, wenn jemand gerade keine Wohnung hat.

Prolog

Die junge Portugiesin Carla möchte ihr Deutsch verbessern und fliegt deshalb nach München, um dort einige Monate zu leben und zu arbeiten. In ihrer WG wohnt auch der norwegische Student Henrik. Carla und Henrik **verlieben sich ineinander** und Carla beschließt, in Deutschland zu bleiben. Nach ihrer Zeit in München will sie zusammen mit Henrik in Berlin leben, da dieser dort einen Master studieren wird.

Vor dem Umzug wollen Carla und Henrik die deutsche Ostseeküste kennenlernen. Sie arbeiten zunächst **gegen Kost und Logis** auf der Insel Rügen und machen dann eine Woche Urlaub auf Fehmarn. Während ihres Aufenthalts auf Rügen wird ihren Gastgebern Schmuck und Bargeld gestohlen.

Als die Polizei ihnen wenig Hoffnung macht, dass der Dieb gefunden werden kann, wendet sich Henrik an Erik, seinen besten Freund aus Norwegen, der in Berlin Informatik studiert. Erik ist Mitglied eines Hackerclubs. Tatsächlich schafft es die junge bulgarische Hackerin Iva, **den Dieb aufzuspüren** und **kommt** dabei zugleich einer tragischen Geschichte **auf die Spur.**

Nicht zuletzt durch die Intervention einer bekannten irischen Schriftstellerin schaffen es Iva, Carla und Henrik nicht nur, den gestohlenen Schmuck zurückzubekommen, sondern auch einer Familie im fernen Russland zu einem besseren Leben zu verhelfen.

---

sich ineinander verlieben, to fall in love with each other | **gegen Kost und Logis,** for food and accommodation | **den Dieb aufspüren,** to find the thief | **auf die Spur kommen,** to discover

Nach der ganzen Aufregung fliegt Carla zunächst einmal für zwei Wochen nach Portugal, um ihre Familie und Freunde zu besuchen. Henrik will in der Zwischenzeit eine Wohnung in Berlin suchen. Während in München alles perfekt für Carla lief, scheint in Berlin jedoch alles schiefzugehen. Wird Carla trotzdem in Deutschland bleiben oder nach Portugal zurückkehren?

1. Sommer, Sonne, Strand

"Das war eine gute Idee, dich hier zu besuchen. Noch einmal Sonne tanken, bevor es in den grauen deutschen Herbst geht."

Carla streckte sich neben Fernanda auf dem Badetuch aus. Die beiden Freundinnen lagen **bäuchlings** am Strand an der Algarve. Fernanda war vor drei Monaten dorthin gezogen, weil sie einen Job gefunden hatte. Carla hatte zunächst ihre Familie in Porto besucht, sich dann aber **entschlossen**, vor ihrer Rückkehr nach Berlin noch ein langes Wochenende mit ihrer besten Freundin zu verbringen.

Fernanda lachte. "Du wolltest ja unbedingt nach Deutschland."

"Ja, ich beschwere mich ja auch nicht, aber das tolle Wetter hier werde ich trotzdem vermissen. Und du willst wirklich hierbleiben?"

"Nun, ich habe einen Vertrag bis nächstes Jahr und das Projekt ist wirklich interessant. Ich lerne viele Menschen aus aller Welt kennen."

"Erzähl noch mal, was du genau machst. Wir haben in den letzten Tagen viel zu viel über mich und meine **Erlebnisse** in Deutschland gesprochen. Das ist kein Hotel, sondern ein Haus, wo Menschen temporär zusammen leben und arbeiten, richtig?"

"Genau. Sie nennen es Coliving-Projekt. Die Initiatoren kommen aus Großbritannien. Sie haben **das Grundstück** und die Villa vor zwei Jahren gekauft und alles so umgebaut, dass es perfekt ist für Menschen, die online arbeiten und eine Weile mit anderen **Unternehmern** und **Freiberuflern** zusammen wohnen und arbeiten möchten. Im Garten wird zudem Obst und Gemüse angebaut. Viele Gäste **ernähren sich** vegan oder vegetarisch, aber es ist kein Muss."

---

bäuchlings, lying on one' stomach | **sich entschließen,** to decide, *sie entschloss sich, sie hat sich entschlossen* | **das Erlebnis,** experience | **das Grundstück,** property | **der Unternehmer,** entrepreneur | **der Freiberufler,** freelancer | **sich ernähren,** to nourish on

"Und was machst du genau?"

"Ich koche, organisiere gemeinsame Aktivitäten, kümmere mich um administrative Aufgaben und manchmal mache ich auch die Zimmer sauber. Normalerweise kommt da aber jemand aus dem Dorf. Also, in erster Linie bin ich **die Ansprechpartnerin** für die Gäste, weil die Besitzer selber **ortsunabhängig** leben und nicht immer hier sind. Ich hatte einfach unglaublich viel Glück, dass ich diesen Job bekommen habe. Eigentlich bin ich ja gar nicht qualifiziert und auch mein Englisch ist nicht so perfekt. Wobei es in den letzten drei Monaten **wesentlich** besser geworden ist."

"So wie mein Deutsch. Also willst du dann gar nicht mehr studieren?"

"Ich weiß es nicht. Wie gesagt, mein **Vertrag** läuft ein Jahr, aber er kann **verlängert** werden. Sie organisieren auch Workshops zu Business- und Mindset-Themen, an denen ich kostenlos teilnehmen kann. Und ich schaue gerade nach Möglichkeiten, um online zu studieren oder Kurse zu machen. Kurz gesagt, mit diesem Job **tun sich** mir plötzlich ganz neue **Möglichkeiten auf**. Als wäre ich in einer anderen Welt gelandet."

"Wow, das klingt richtig gut. Ich freue mich **riesig** für dich."

"Danke. Und du entscheidest in den nächsten Monaten, was und wo du studieren willst, richtig?"

---

die Ansprechpartnerin, contact person | **ortsunabhängig,** location-independent ¶ **wesentlich,** significantly | **der Vertrag,** contract | **verlängern,** to extend, to prolong | **es tun sich Möglichkeiten auf,** opportunities come up | **riesig,** huge | **sich riesig freuen,** to be very happy

"Ja, genau. Ich wollte ja eigentlich Umweltwissenschaften studieren, aber seit ich diese irische Schriftstellerin kennengelernt habe, frage ich mich immer wieder, ob ich nicht doch lieber Literaturwissenschaften studieren sollte. Es interessiert mich mehr, aber ich habe halt Angst, dass ich keinen Job finde. Oder dass ich anfange, Bücher zu schreiben und niemand will sie lesen."

"Musst du denn **unbedingt** Literaturwissenschaften studieren, wenn du Schriftstellerin werden möchtest? Ist das nicht ähnlich wie bei mir jetzt, dass du viele Sachen auch ohne einen formellen Studiengang an der Universität lernen könntest?"

"Ich fürchte, da bist du jetzt mutiger als ich. Was haben eigentlich deine Eltern gesagt? Ich glaube, meine wären sehr **enttäuscht**, wenn ich nicht zur Universität gehen würde. Sie haben es ja durchaus **unterstützt**, dass ich nach der Schule erst einmal ein bis zwei Jahre Pause machen wollte, aber sie erwarten, dass ich nächstes Jahr mit dem Studium anfange."

"Für meine Eltern ist es am wichtigsten, dass ich Geld verdiene. Natürlich würden sie mich finanziell unterstützen, wenn ich studieren würde, aber du weißt ja, dass sie beide nicht so gut verdienen. Für sie ist es schwieriger, dass ich jetzt nicht mehr in Porto wohne. Die Algarve ist für sie genauso weit entfernt wie New York."

Carla musste lachen. "Deine Eltern sind nie wirklich verreist, nicht wahr?"

"Nein. Weiter als bis nach Lissabon sind sie nie gekommen. Wenn alles gut klappt, werde ich sie nächstes Jahr hierher einladen und ihnen ein schönes Hotel bezahlen."

---

unbedingt, at all costs | **enttäuscht,** disappointed | **unterstützen,** to support

"Das ist eine super Idee. Du kommst mich aber auch in Berlin besuchen, versprochen?"

"Ja, klar. Aber erst im Frühling."

"Oder vielleicht im Dezember?"

"Im Dezember? Warum sollte ich im Dezember kommen? Da ist es sicherlich **saukalt** in Berlin."

"Nicht unbedingt und es gibt Weihnachtsmärkte. Mit **Glühwein**. Da wird dir schnell warm."

"Ah, stimmt. Sehr deutsch. Mal schauen. Ist eure Wohnung eigentlich **startklar**, wenn du in Berlin ankommst?"

Carla seufzte. "Der Plan war, dass wir ab dem 15.10. eine Wohnung mieten, aber das war gar nicht so leicht. Henrik hat nun eine Wohnung ab dem 1. November gefunden und eigentlich sollte sie schon ab dem 25. Oktober frei sein. Das hat dann aber doch nicht geklappt, deshalb habe ich ja meinen Flug **verschoben**. Ich wollte nicht eine Woche bei Henriks Freund Erik auf dem Sofa schlafen. Der ist zwar total nett, aber irgendwie fehlt doch die Privatsphäre. So schlafe ich eine Nacht bei Erik und danach geht es dann gleich morgens in die Wohnung."

"Müsst ihr Möbel kaufen?"

"Nein, die Wohnung ist zum Glück möbliert. Vielleicht kaufen wir ein paar Kleinigkeiten. Wir werden ja mindestens drei Jahre in Berlin bleiben."

---

saukalt, extremely cold | *die Sau,* sow (female pig) | **Glühwein,** mulled wine | **startklar,** ready (to do sth) | **verschieben,** to postpone, to reschedule, *er verschob, er hat verschoben*

"Ich bin gespannt, was du berichtest. Lass uns noch eine Runde schwimmen gehen, ja?"

Die beiden Frauen liefen ins Wasser.

I. Verständnisfragen

1. Carla verbringt
    a) ein langes Wochenende mit ihrer besten Freundin.
    b) ein Wochenende bei ihrer Familie.
    c) eine Woche an der Algarve.

2. Fernanda
    a) macht Urlaub an der Algarve.
    b) sucht einen Job, wo sie Englisch sprechen kann.
    c) hat bei der Arbeit viel Kontakt zu Ausländern.

3. Carla
    a) wird nächstes Jahr Umweltwissenschaften studieren.
    b) interessiert sich für Literaturwissenschaften.
    c) möchte schnell Geld verdienen.

4. Die Wohnung in Berlin
    a) ist ab dem 25.10. frei.
    b) ist nach Carlas Ankunft frei.
    c) ist nicht möbliert.

II. Umgangssprachliche und idiomatische Ausdrücke

1. sich riesig freuen–to be very very happy

"Ich freue mich riesig" kannst du sagen, wenn du dich sehr über etwas freust. Es klingt informeller und enthusiastischer als "Ich freue mich sehr".

2. saukalt sein / schweinekalt sein–to be very very cold

Warum deutschsprachige Menschen extreme Kälte mit Schweinen in Verbindung bringen, während englische Muttersprachler einfach "freezing cold" sagen, ist nicht wirklich klar, aber du wirst den Ausdruck im Winter in Deutschland oft hören.

"Mir ist schweinekalt. Lass uns reingehen."

"Zieh eine Jacke an, es ist saukalt draußen."

3. startklar sein–to be ready to do something

Viele Deutschschüler finden es schwierig, "ich bin fertig" (I have finished) und "ich bin bereit" (I'm ready) zu unterscheiden. Statt "ich bin bereit" kannst du auch "ich bin startklar" (= ich bin bereit zu starten, wir können anfangen) sagen. Das klingt in informellen Kontexten natürlicher.

III. Konversationsfragen

1. Wann hast du dich das letzte Mal riesig gefreut?
2. Was machst du, wenn es draußen saukalt ist?
3. Wie schnell bist du startklar, wenn Freunde dich anrufen und etwas mit dir unternehmen wollen?
4. Wie realistisch ist es deiner Meinung nach, einen guten Job zu finden, ohne eine qualifizierte Ausbildung oder ein Studium zu haben? Welche Möglichkeiten gibt es in deinem Heimatland?
5. Hattest du schon einmal Probleme bei der Wohnungssuche? Was ist passiert?

Lösungen Verständnisfragen
1a, 2c, 3b, 4b

2. Reisechaos

Carla stand am Flughafen in Faro und wollte **ihren Augen nicht trauen**. Auf der **Anzeigetafel** war ihr Flug nach Berlin zwar gelistet, aber statt einer Zeit stand dort CANCELLED. Sie lief zum Schalter von Ryanair.

"Entschuldigung, ich habe um 17:05 Uhr einen Flug nach Berlin, aber auf der Anzeigetafel steht, dass er gecancelt ist."

"Ja, das stimmt. Haben Sie keine Email erhalten? Der Flug musste aus technischen Gründen abgesagt werden und wir haben die Passagiere **umgebucht**."

Carla scrollte durch ihren Posteingang. Tatsächlich, gestern um sechs Uhr morgens hatte Ryanair eine Nachricht geschickt. Statt dem Flug um 17:05 Uhr hätte sie um 10:35 Uhr fliegen sollen. Aber gestern war sie den ganzen Tag mit Fernanda unterwegs gewesen und hatte keine Emails gelesen. Heute auch nicht. Sie wandte sich wieder an die Ryanair-Mitarbeiterin.

"Es tut mir leid, aber ich habe Ihre Email nicht gesehen. **Mit so etwas rechnet ja niemand**. Was können wir jetzt machen?"

"Morgen sind noch zwei Plätze frei, gleiche Zeit. Soll ich Sie auf diesen Flug buchen? Sie müssten dann eine Gebühr von € 120 zahlen."

"Wie bitte? Ich soll € 120 zahlen, obwohl Sie meinen Flug gecancelt haben? Da sollte doch wohl eher ich eine **Entschädigung** bekommen. Und eine Übernachtungsmöglichkeit in Faro brauche ich übrigens auch. Übernimmt die Airline die Kosten?"

---

seinen Augen nicht trauen, not believe one's eyes | **die Anzeigetafel**, destination board | **umbuchen**, to reschedule | **Mit so etwas rechnet ja niemand**, Nobody expects this to happen | **die Entschädigung**, compensation, reimbursement

"Wenn ein Flug kurzfristig ausfällt oder viele Stunden Verspätung hat, dann ja, aber in diesem Fall haben wir Sie mehr als 24 Stunden vor Abflug informiert und Ihnen eine Alternative angeboten."

Carla war **stinksauer**, aber leider hatte sie keine Ahnung, ob die Angestellte recht hatte und sie wirklich keinerlei **Ansprüche an Ryanair stellen** konnte. In jedem Fall musste sie nach Berlin zurück. **Zähneknirschend fand sie sich mit ihrem Schicksal ab** und holte ihre Kreditkarte aus dem Portemonnaie.

"Okay, dann buchen Sie mich bitte auf morgen um."

Nachdem Carla ihre neue **Buchungsbestätigung** erhalten hatte, lief sie aus dem Flughafen und nahm einen Bus ins Stadtzentrum. Sie war froh, dass sie nur einen mittelgroßen Rucksack nach Portugal mitgenommen hatte, mit dem sie ohne Probleme längere Strecken laufen konnte.

In einer Seitenstraße entdeckte sie ein nett aussehendes Hostel und fragte nach einem Bett. Für €12 konnte sie in einem Sechserzimmer für Frauen schlafen. Das war okay. Im Zimmer war niemand, aber drei der Betten waren offenbar **belegt**. Carla verstaute ihren Rucksack in einem **Schließfach** und ging in die Stadt. Sie musste Henrik Bescheid sagen und wollte einen Kaffee trinken und etwas essen.

Als sie gegen acht Uhr abends ins Hostel zurückkam, saß eine ältere Frau auf einem der anderen Betten.

"Hallo, ich bin Carla."

---

stinksauer, very annoyed | **Ansprüche stellen an,** to make claims | **zähneknirschend,** grudgingly | **sich mit seinem Schicksal abfinden,** to accept one's fate | **die Buchungsbestätigung,** booking confirmation | **belegt,** occupied | **das Schließfach,** locker

"Ich bin Susan. Schön, dich kennenzulernen."

Es stellte sich heraus, dass Susan aus den USA kam und dies ihre erste Auslandsreise war. Sie erzählte, dass es immer ihr Traum gewesen war, die Welt kennenzulernen, aber sie hatte früh geheiratet, drei Kinder bekommen und das Geld war knapp gewesen. Zudem verstand ihr Mann ihre Reisewünsche nicht. Für ihn waren die USA das beste aller Länder, warum sollte man da ins Ausland fahren. Vor zwei Jahren war ihr Mann bei einem Autounfall ums Leben gekommen. Ihre Kinder waren längst aus dem Haus und nachdem Susan ihre erste **Trauer überwunden** hatte, begann sie, Pläne zu machen. Ihr Mann und sie hatten über all die Jahre gespart, um Geld fürs Alter zu haben.

"Es ist aber nicht wirklich viel, weißt du? Knapp 40.000 Dollar. Naja, ich habe gerechnet und gerechnet und dann beschlossen, dass ich mit diesem Geld zwei Jahre reisen kann. Ich schlafe in Hostels und lerne dadurch nette junge Leute kennen, die mir oft gute Tipps geben und auch sonst gebe ich nicht viel Geld aus. Mein Haus in Alabama habe ich vermietet, das sind auch nochmal **zusätzliche Einnahmen**. Vielleicht reicht es sogar für drei Jahre reisen. Portugal ist nach Irland und Großbritannien erst meine dritte Station, aber ich möchte ganz Europa und auch Afrika und Asien kennenlernen."

Carla war **beeindruckt** und wünschte Susan alles Gute. Beide Frauen gingen früh schlafen.

Irgendwann mitten in der Nacht ging plötzlich das Licht an und zwei betrunkene Frauen **stolperten lärmend** ins Zimmer. Carla zog sich die Bettdecke über den Kopf und hoffte, dass die beiden schnell ins Bett gehen und einschlafen würden. Leider dauerte es mehr als eine Stunde, bis es endlich wieder ruhig war.

Trauer überwinden, to overcome grief | **zusätzliche Einnahmen,** additional income | **beeindruckt,** impressed | **stolpern,** to stumble | **lärmend,** making a lot of noise

Als Carla am nächsten Morgen gegen halb acht aufwachte, sah sie, dass Susan schon weg war. Sie erinnerte sich, dass die Amerikanerin ihr erzählt hatte, dass sie früh einen Bus Richtung Spanien nehmen wollte. Die anderen beiden Frauen lagen noch in ihren Betten und **schliefen ihren Rausch aus**.

Carla verbrachte noch einige Stunden im **Gemeinschaftsraum** des Hostels und machte sich schließlich um kurz vor drei erneut auf den Weg zum Flughafen. Ihren Posteingang hatte sie stündlich kontrolliert, aber heute gab es keine Probleme. Ihr Flug stand diesmal mit Boarding ab 16:35 Uhr auf der Anzeigetafel und startete pünktlich.

Nach etwa einer Stunde Flugzeit bemerkte Carla, dass es einige Reihen vor ihr unruhig wurde. Dann kam eine **Durchsage**. Ein Arzt wurde gesucht. Wenige Minuten später dann eine erneute Durchsage. Wegen eines **medizinischen Notfalls** würde die Maschine im französischen Toulouse zwischenlanden. Es gab **Gemurmel** im Flugzeug. Einige Passagiere reagierten verärgert und genervt, aber die meisten fragten sich, was wohl passiert war und hofften, dass es dem **betroffenen Passagier** nicht zu schlecht ginge.

In Toulouse kamen ein Arzt und ein Rettungssanitäter an Bord und ein Passagier wurde auf einer Trage aus dem Flugzeug gebracht. Nach vierzig Minuten waren sie wieder in der Luft und kamen noch halbwegs pünktlich in Berlin an.

Carla sah Henrik sofort, als sie aus dem Ankunftsbereich herauskam und lief auf ihn zu. Er nahm sie in den Arm.

---

seinen Rausch ausschlafen, to sleep off one's hangover | **der Gemeinschaftsraum,** community room | **die Durchsage,** announcement | **ein medizinischer Notfall,** a medical emergency | **das Gemurmel,** murmur of voices, **der betroffene Passagier,** the affected passenger

"Hallo, charmante Chaos-Portugiesin", grinste er.

"Sehr witzig. Das war gar nicht lustig gestern."

"Denke ich mir."

"Jetzt bin ich jedenfalls auf die Wohnung gespannt."

Sie sah Henrik an und merkte, dass etwas nicht in Ordnung war.

"Was ist los? Wir haben doch eine Wohnung, oder hat sich das nochmal verschoben? Heute ist der erste und die alten Mieter sollten ausgezogen sein."

"Ja, das stimmt schon, aber laut dem Vermieter gibt es ein Problem im Badezimmer. Er kümmert sich darum und wir können dann in zwei Tagen in die Wohnung."

"In zwei Tagen?", fragte Carla **entsetzt**. "Die Vormieter waren doch bis jetzt in der Wohnung. So gravierend kann das Problem doch nicht sein. Warum können sie es nicht reparieren, während wir in der Wohnung sind?"

Henrik **zuckte mit den Schultern**. "Ich rufe morgen nochmal an. Sorry du, ich hatte auch **viel um die Ohren** und habe es einfach so **hingenommen**. Mir war nicht klar, dass du so sensibel reagieren würdest."

Carla bekam sofort ein schlechtes Gewissen. Sie wusste ja, dass Henriks Vorlesungen schon angefangen hatten und er jede Menge erledigt hatte, während sie es sich in Portugal hatte gutgehen lassen. Sie küsste ihn.

---

entsetzt, terrified | **mit den Schultern zucken,** to shrug | **viel um die Ohren haben,** to have a lot of work to do | **etwas hinnehmen,** to accept sth.

"Tut mir leid. Ist kein Problem. Wir fahren also zu Erik?"

"Ja, genau. Er freut sich und hat wie üblich etwas Leckeres gekocht."

"Das ist super. Ich hatte kein richtiges Mittagessen und sterbe vor Hunger."

I. Verständnisfragen

1. Carlas Flug wurde gecancelt, weil
    a) es technische Probleme gab.
    b) es einen Notfall gab.
    c) Ryanair eine schlechte Airline ist.

2. Die Ryanair-Mitarbeiterin sagt Carla, dass
    a) eine Umbuchung nicht möglich ist.
    b) die Umbuchung €120 kostet.
    c) die Umbuchung kostenlos ist.

3. Im Hostel
    a) lernt Carla zwei junge Frauen kennen.
    b) lernt Carla eine ältere Amerikanerin kennen.
    c) hat Carla keinen Kontakt zu anderen Gästen.

4. Die Nacht im Hotel
    a) verläuft ruhig.
    b) ist unruhig, weil mitten in der Nacht ein neuer Gast kommt.
    c) ist unruhig, weil zwei Gäste betrunken sind.

5. Das Flugzeug nach Berlin
    a) muss wegen eines medizinischen Notfalls zwischenlanden.

b) hat eine reguläre Zwischenlandung in Toulouse.

c) muss wegen eines technischen Problems zwischenlanden.

6. In Berlin

    a) fahren Henrik und Carla sofort in die neue Wohnung.

    b) wird Carla von Henrik am Flughafen abgeholt.

    c) fährt Carla alleine zu Erik.

II. Umgangssprachliche und idiomatische Ausdrücke

seinen Augen nicht trauen können–not believe one's eyes
Du traust deinen Augen nicht, wenn du etwas siehst, was du auf keinen Fall erwartet hast:

"Michael traute seinen Augen nicht, als er sah, wie seine Freundin einen anderen Mann küsste."

mit etwas rechnen–to expect something to happen
Wenn du mit etwas rechnest, dann erwartest du eine bestimmte Situation:
"Nachdem Michael seine Freundin mit einem anderen Mann gesehen hatte, rechnete er damit, dass sie ihn verlassen würde."

stinksauer sein–to be very annoyed
Wenn du stinksauer bist, bist du sehr wütend:

"Michael war stinksauer auf den Mann, den seine Freundin geküsst hatte."

seinen Rausch ausschlafen–to sleep off one's hangover

Wenn du zuviel Alkohol getrunken hast, wirst du irgendwann müde. Während du schläfst, sinkt der Alkoholgehalt in deinem Blut, d.h. du schläfst deinen Rausch aus:

"Nachdem Michaels Freundin sich von ihm getrennt hatte, trank er zwei Flaschen Wein und fiel um 2 Uhr morgens ins Bett, wo er seinen Rausch bis zum nächsten Nachmittag ausschlief.

sich mit seinem Schicksal abfinden–to accept one's fate
Wenn du dich mit deinem Schicksal abfindest, akzeptierst du die Dinge so, wie sie sind:

"Als Michael am nächsten Morgen aufwachte, beschloss er, sich mit seinem Schicksal abzufinden."

viel um die Ohren haben–to have a lot of work to do
Wenn du sehr viel zu tun hast, hast du viel um die Ohren:

"Da Michael im Büro viel um die Ohren hatte, hatte er keine Zeit, an seine Ex-Freundin zu denken.

III. Konversationsfragen

1. Kannst du dich an eine Situation erinnern, wo du deinen Augen nicht trauen konntest?
2. Mit welchem sehr positiven oder sehr negativen Ereignis in deinem Leben hattest du nie gerechnet?
3. Wann warst du das letzte Mal stinksauer? Was ist passiert?
4. Trinkst du Alkohol? Warum oder warum nicht?
5. Wann sollte man sich mit seinem Schicksal abfinden, wenn man eine schlechte Erfahrung macht und wann nicht?
6. Wann hast du das letzte Mal richtig viel um die Ohren gehabt? Wie kam es dazu?

7. Welche Vor- und Nachteile hat es, wenn man in einem Hostel übernachtet?

8. Hast du schon einmal einen Flug verpasst? Wie ist es passiert und was hast du gemacht?

Lösungen Verständnisfragen

1a, 2b, 3b, 4c, 5a, 6b

3. Wohnungsprobleme

Zwei Tage später standen Carla und Henrik **wie vereinbart** pünktlich um zehn Uhr morgens vor dem Haus, in dem sie **zukünftig** wohnen würden. Eine Viertelstunde später war der Vermieter immer noch nicht da. Nachdem Henrik ihn angerufen hatte, **tauchte** er schließlich mit dreißigminütiger Verspätung **auf**.

"Tut mir leid, tut mir leid, zu viel Arbeit, Sie verstehen?"

Carla mochte den Typen von Anfang an nicht, blieb aber ruhig und **überließ Henrik das Reden**.

"Ist in der Wohnung jetzt alles in Ordnung?"

"Ja schon, aber seit gestern wohnen andere Mieter dort."

"Wie bitte? Sie hatten mir eine feste Zusage gegeben und gesagt, der Mietvertrag sei nur eine Formalität, den wir am Einzugstag schnell unterschreiben können."

Der Mann seufzte theatralisch. "Ja, ich weiß, aber manchmal kommen die Dinge anders. Die jetzigen Mieter haben angeboten, mehr zu bezahlen, und da sagt man natürlich nicht nein."

"Natürlich nicht", wiederholte Henrik sarkastisch. "Und warum haben Sie uns nicht wenigstens Bescheid gesagt?"

Jetzt **strahlte** der Mann Henrik und Carla **an**. "Das ist die gute Nachricht. Es gibt eine andere freie Wohnung in genau diesem Haus. Sie ist sogar komplett möbliert und nicht an der Straße gelegen, also viel ruhiger. Kommen Sie mit, kommen Sie mit."

---

wie vereinbart, as agreed | **zukünftig,** in the future | **auftauchen,** to appear | **jemandem das Reden überlassen,** to let someone do the talking | **jemanden anstrahlen,** to beam at someone

Sie betraten das Haus und der Mann führte die beiden jungen Leute in den zweiten Stock. Dort ging er zu einer Tür mit der Nummer 202 und schloss auf. Er ließ Carla und Henrik eintreten.

"Ach du Scheiße!" Carla **konnte sich nicht beherrschen**. In der Wohnung standen nicht nur Möbel, die offensichtlich mehrere Jahrzehnte alt waren, sondern die Wände waren zudem mit unerträglich hässlichen **Tapeten** aus den 1970er Jahren tapeziert.

Henrik ging **stumm** durch die beiden Zimmer, die Küche und das Badezimmer. Es gab keinen Balkon und die Wohnung war dunkel. Er wandte sich an den Vermieter.

"Wie viele Quadratmeter hat die Wohnung und wie hoch ist die Miete?"

"62 Quadratmeter, das ist ziemlich groß. Die Kaltmiete beträgt €1400. Keine Kaution und Sie können heute noch einziehen."

Bevor Henrik etwas sagen konnte, explodierte Carla.

"Renovieren Sie die Wohnung und kaufen Sie **halbwegs anständige Möbel** bei IKEA, in diesem Museum bleibe ich jedenfalls nicht. Und ganz sicher nicht für €1400 pro Monat. Das ist **die reinste Abzocke**."

"Carla, beruhige dich." Henrik wollte sie in den Arm nehmen, aber Carla **riss sich los**. "Mach, was du willst, aber ich werde hier ganz sicher nicht wohnen." Wütend stürmte sie aus der Tür und blieb erst stehen, nachdem sie einige hundert Meter gelaufen war.

---

sich nicht beherrschen können, not be able to keep one's temper | **die Tapete**, wallpaper | **stumm**, mute | **halbwegs anständige Möbel**, acceptable furniture | **die reinste Abzocke**, a real rip-off | **sich losreißen**, to break away, *sie riss sich los, sie hat sich losgerissen*

Carla atmete tief durch. Sie versuchte, sich zu überzeugen, dass es nicht Henriks Schuld war, aber schon in Portugal hatte sie das Gefühl gehabt, dass Henrik nicht so wirklich viel Zeit und Energie in die Wohnungssuche investiert hatte. Dieses Gefühl hatte sich verstärkt, seit sie in Berlin war. Henrik fühlte sich offenbar ganz wohl in der Wohnung seines besten Freundes Erik. Gestern Abend hatten sich die beiden fast die ganze Zeit auf Norwegisch unterhalten, während Carla **so getan hatte, als** wäre sie im Internet beschäftigt. Und jetzt sah es so aus, als müsste sie noch länger bei Erik schlafen. Auf dem Sofa im Wohnzimmer und mit null Privatsphäre. Es machte keinen Unterschied, dass Henrik ihr Freund und Erik **schwul** war. Carla hatte einfach keine Lust, längere Zeit auf so engem Raum mit zwei Typen zusammenzuleben.

Vielleicht war es eh eine schlechte Idee gewesen, so schnell mit Henrik zusammenziehen zu wollen. Sie kannten sich schließlich erst seit einigen Monaten. Carla erinnerte sich an ihre Zimmersuche in München im Juni. Damals hatte sie erst einige Tage bei ihrer Sprachpartnerin Susanne gewohnt und auch auf dem Sofa geschlafen, aber sie hatte aktiv und alleine ein Zimmer gesucht und gefunden. Das sollte auch in Berlin möglich sein. Aber natürlich nicht von einem Tag auf den anderen.

Carla überlegte, wieviel Geld sie auf dem Konto hatte. Eine Woche Airbnb müsste **machbar sein.** Ja, von nun an würde sie **ihr Leben wieder selbst in die Hand nehmen** und sich nicht auf Henrik verlassen. Entschlossen fuhr sie mit der U-Bahn zurück zu Eriks Wohnung, holte ihren Laptop, setzte sich in ein kleines Café in der Nähe und loggte sich bei Airbnb ein. Alle Angebote in Berlin Mitte waren relativ teuer. Das war zu erwarten gewesen. Carla ließ sich Zimmer außerhalb Berlins anzeigen.

---

so tun als (ob), to pretend | **schwul,** gay | **machbar,** doable | **sein Leben selbst in die Hand nehmen,** to make one's own decisions

Ah, da war etwas, schon in Brandenburg, eine Stunde Fahrt mit der S-Bahn, aber nur €200 für eine Woche. Sie musste dann zwar noch die Kosten für ein Wochenticket mit dem öffentlichen Nahverkehr einkalkulieren, um in Berlin nach Zimmer und Job suchen zu können, aber es wäre trotzdem günstiger als in Berlin zu bleiben. Entschlossen buchte Carla das Airbnb und lief zurück zu Eriks Wohnung. Erik war da, aber Henrik nicht.

"Alles klar mit eurer Wohnung?", fragte Erik.

"Nein, leider gar nichts klar. Wir haben keine Wohnung."

"Was ist passiert? Also, ihr könnt natürlich länger hierbleiben. Das hatte ich Henrik schon die ganze Zeit gesagt. Ich weiß ja, wie schwierig es ist, in Berlin eine Wohnung zu finden."

"Das ist sehr lieb von dir, Erik, aber ich brauche ein bisschen Platz für mich. Ich habe für eine Woche ein Airbnb gebucht, würde aber lieber nur einen Teil meiner Sachen mitnehmen. Kann ich den großen Koffer bei dir lassen? Ich hole ihn dann später."

"Ja, klar, kein Problem. Was ist mit Henrik?"

"Ich spreche später mit ihm, aber ich denke, er wird bei dir bleiben. Es ist bequemer für ihn wegen der Uni."

"Ist alles okay mit euch beiden?" Erik sah sie fragend an.

"Ja, alles okay und ich finde es auch super, dass du mich weiterhin hier schlafen lassen würdest, aber ich brauche einfach etwas Platz für mich alleine. Verstehst du?"

"Ja klar."

Carla packte Kleidung für eine Woche und andere wichtige Sachen in ihren Rucksack und machte sich dann auf den Weg zu ihrer neuen Unterkunft. Während der Fahrt mit der S-Bahn las sie Sheila MacGregors neuestes Buch. Sheila musste sie auf jeden Fall anrufen, am besten heute Abend noch.

Das Haus mit dem Airbnb lag in einer ruhigen Seitenstraße. Eine junge Frau öffnete ihr und hieß sie willkommen. Ihr Zimmer lag im Dachgeschoss und war ein kleines Studio mit eigenem Bad und sogar einem kleinen Kühlschrank.

"Falls Sie kochen möchten, können Sie das jederzeit in unserer Küche tun", meinte die junge Frau.

"Danke, das ist sehr nett."

Die junge Frau verließ das Zimmer und Carla fing an, ihre Sachen auszupacken und in den Schrank zu räumen. Danach schickte sie Sheila eine Nachricht und ließ sie wissen, dass sie gerne mit ihr sprechen würde. Carla schaute auf die Uhr, kurz vor vier. Sie beschloss, einen Spaziergang zu machen und ihre neue Umgebung kennenzulernen.

I. Verständnisfragen

1. Der Vermieter kommt zu spät zur Wohnungsübergabe, weil
    a) er Carla und Henrik vergessen hat.
    b) er so viel zu tun hat.
    c) er einen wichtigen Anruf hatte.

2. Die angebotene Wohnung
    a) ist billig, hat aber hässliche Möbel.
    b) wird erst Ende des Monats frei.

c) ist teuer und hat hässliche Möbel.

3. Carla zieht in ein Airbnb, weil
   a) sie von Henrik genervt ist.
   b) bei Erik nicht so lange zwei Personen übernachten können.
   c) sie mehr Privatsphäre braucht.

4. Das Airbnb liegt
   a) in Berlin-Mitte.
   b) außerhalb von Berlin.
   c) in der Nähe von Eriks Wohnung.

II. Umgangssprachliche und idiomatische Ausdrücke

jemandem das Reden überlassen–to let s.o. do the talking
Manchmal ist es besser, wenn du nicht selber sprichst, sondern eine andere Person reden lässt, z.B. wenn du wütend bist oder wenn die andere Person mehr über das Thema weiß als du. Manche Menschen überlassen auch lieber anderen das Reden, weil sie introvertiert sind oder nervös werden, wenn ihnen viele Leute zuhören.

sich nicht beherrschen können–not be able to keep one's temper
"beherrschen" bedeutet oft "to dominate". Wenn du dich nicht beherrschen kannst, kannst du deine Gefühle nicht kontrollieren und sagst Dinge, ohne zu überlegen. Manchmal ist das notwendig, aber manchmal kann es auch unangenehme Konsequenzen haben.

halbwegs anständige Möbel–acceptable furniture
Alles, was nicht besonders gut, aber noch akzeptabel ist, kann man als "halbwegs anständig" bezeichnen:

"Ich möchte nicht viel Geld ausgeben, aber trotzdem ein halbwegs anständiges Auto kaufen."

"Bitte kauf dir halbwegs anständige Kleidung, so kannst du nicht ins Büro gehen."

die reinste Abzocke–a real rip-off

Wenn du für etwas zu viel bezahlst, wirst du abgezockt. Das passiert manchmal im Urlaub, wenn wir als Touristen einen sehr viel höheren Preis als Einheimische bezahlen sollen:

"Das Taxifahrer in Bangkok wollte 10 Euro für die kurze Fahrt vom Hotel zum Busbahnhof. Das war die reinste Abzocke."

"Ich kannte die Preise nicht und bin natürlich voll abgezockt worden."

Abzocke/abzocken/abgezockt werden sind sehr umgangssprachliche Ausdrücke.

sein Leben selbst in die Hand nehmen–to make one's own decisions

Wenn du entscheidest, wie du leben möchtest, dann nimmst du dein Leben selbst in die Hand, musst aber auch mit den Konsequenzen leben.

III. Konversationsfragen

1. In welchen Situationen oder zu welchen Themen überlässt du lieber anderen das Reden?
2. Kannst du dich an eine Situation erinnern, wo du dich nicht beherrschen konntest? Was ist passiert?

3. Wie wichtig ist es dir, im Urlaub in einem halbwegs anständigen Hotel zu wohnen?

4. Bist du schon einmal abgezockt worden? Wo und wie ist es passiert?

5. Wann hast du angefangen, dein Leben selbst in die Hand zu nehmen und wie hat sich das angefühlt?

6. Wie ist die Wohnungssituation in deiner Heimatstadt bzw. in der Stadt, in der du lebst? Wie leicht ist es, eine Wohnung zu finden?

7. Benutzt du Airbnbs, wenn du in Urlaub fährst? Warum? Warum nicht?

8. Wie wichtig ist Privatsphäre in deinem Heimatland? Gibt es beim Thema Privatsphäre kulturelle Unterschiede?

Lösungen Verständnisfragen

1b, 2c, 3c, 4b

4. Rettung durch Sheila

Gegen neun Uhr rief Sheila an.

"Was ist los? Deine Nachricht klang dringend. Ist etwas passiert? Seid ihr schon in der neuen Wohnung?"

Carla seufzte. "Wir haben keine Wohnung. Ich bin in einem Airbnb in Brandenburg."

"Hast du dich mit Henrik gestritten?"

"Nein. Oder vielleicht doch. Ach, ich weiß nicht."

"Okay, jetzt mal langsam. Was genau ist passiert? Du hast dich vielleicht mit Henrik gestritten und ihr wohnt jetzt nicht zusammen?"

"Henrik wollte ja eine Wohnung für uns suchen, während ich in Portugal war. Aber ich glaube, er hat sich nicht wirklich darum gekümmert. Gut, ich weiß, das Semester hat angefangen und er hatte viel zu tun, während ich im Urlaub war. Irgendwie habe ich deswegen auch ein schlechtes Gewissen. Aber Anfang Oktober klang es bei ihm so, als wäre es kein Problem, mal schnell eine Wohnung in Berlin zu finden."

"Und das wolltest du gerne glauben, weil es für dich bequemer war."

"Ja, so kann man das sagen. Naja, jedenfalls war eine Wohnung plötzlich nicht mehr verfügbar, weil jemand anderes offenbar eine höhere Miete angeboten hat und dann wollte der Vermieter uns eine ganz schreckliche, dunkle Wohnung mit Möbeln und Tapeten von vor fünfzig Jahren andrehen. Wir standen da und Henrik hat nichts gesagt und **da bin ich ausgeflippt** und abgehauen."

---

ich bin ausgeflippt, I lost my temper

"Hast du seitdem mit Henrik gesprochen?"

"Nein. Er hat mir Nachrichten geschickt, aber wenn ich jetzt mit ihm reden würde, würden wir sicherlich streiten und ich muss erstmal wieder zur Ruhe kommen. Ich habe ihm geschrieben, dass ich ein paar Tage alleine sein möchte und mich melden werde."

"Verstehe. Bist du deshalb in ein Airbnb gegangen, damit du Zeit für dich hast?"

"Ja. Weißt du, Henriks Freund Erik ist wirklich super nett, aber ich mag einfach nicht in seinem Wohnzimmer leben. Henrik scheint **es nicht zu stören**. Erik ist oft bei seinem Freund, aber trotzdem ist es seine Wohnung und er kann jederzeit kommen. Ich mag das einfach nicht, verstehst du?"

"Logisch. Da sind wir Frauen wahrscheinlich anders als Männer, wir brauchen mehr Privatsphäre. Wie lange bist du in dem Airbnb?"

"Ich habe es für eine Woche gemietet und werde das gleiche wie in München machen, einen Job und ein WG-Zimmer suchen. Ich denke, das ist besser. Henrik und ich kennen uns noch nicht lange. Es schien praktisch, zusammenzuziehen, aber jetzt denke ich anders."

"War das Erlebnis mit der Wohnung der Grund für deine **Meinungsänderung** oder hast du schon vorher Zweifel gehabt?"

"Ich habe mich in Portugal mit meiner besten Freundin Fernanda getroffen. Sie ist vor ein paar Wochen von Porto an die Algarve gezogen, weil sie dort einen Job gefunden hat. Fernanda war eigentlich immer **diejenige von uns**, die ein wenig Angst vor Veränderungen und einer neuen Umgebung hatte.

---

es stört mich nicht, I don't mind | **die Meinungsänderung,** change of opinion | **diejenige von uns,** the one of us

Aber dann hat sie sich einfach für diesen Job beworben, obwohl sie gar keine Ausbildung hat und ihn bekommen. Sie hat mir erzählt, dass sie eventuell gar nicht studieren, sondern sich über Online-Kurse **Wissen aneignen** will. Sie wirkte so glücklich und ausgeglichen."

"Hast du für dich entschieden, was du machen möchtest?"

"Nein, das ist ja ein weiteres Problem. Alle, auch Henrik, denken weiterhin, dass ich ab nächstes Jahr Umweltwissenschaften studieren werde, aber ich merke, dass ich immer weniger Lust darauf habe. Vor allem, seit ich dich kennengelernt habe."

"Ich habe deine literarischen Ambitionen geweckt, nicht wahr?", lachte Sheila.

"Ja, irgendwie schon. Und jetzt überlege ich, ob ich mich für Literaturwissenschaften einschreiben oder einfach meinen eigenen Weg gehen soll, so wie Fernanda."

"Oder ich. Ich habe auch nie studiert, Carla. Nur sehr viel gelesen und schon als Teenager angefangen zu schreiben. Und als ich so alt war wie du, hatte ich viele verrückte und **lausig bezahlte** Jobs. Da erzähle ich dir irgendwann mal bei einem Glas Wein ein paar Geschichten. Aber zurück zu dir. Du hast gesagt, dass du einen Job und ein Zimmer suchen willst. Warum versuchst du nicht, mehr Portugiesischschüler zu finden? Du arbeitest doch noch als Tutorin, nicht wahr?"

"Ja, aber es sind nur zwei oder drei Stunden am Tag."

---

sich Wissen aneignen, to acquire knowledge | **lausig bezahlt,** very badly paid | *die Laus, louse*

"Aber du kannst von zu Hause aus arbeiten und bestimmt auch mehr Stunden machen, oder? In München hast du doch **hauptsächlich** einen Job gesucht, weil du dein Deutsch verbessern wolltest."

"Ja, das stimmt. **Wobei der Job im Museum wirklich klasse war.** Da ist mir sogar die Idee für ein Buch gekommen."

"Ein **Mordfall** im Museum?", wollte Sheila lachend wissen.

"Nein, eher ein historisches Drama."

"Für historische Romane musst du viel recherchieren. Gut, für Krimis auch. Du glaubst gar nicht, wie viel medizinisches Wissen ich mir in den letzten Jahren angeeignet habe. Schriftsteller schreiben nicht nur, sie lernen auch sehr viel und vor allen Dingen lernen sie nie aus. Wenn du eine Idee für ein Buch hast, dann fang an zu schreiben."

"Das werde ich machen."

"Nun zu deinem Wohnungsproblem. Ich habe da eine Idee. Natürlich müsste ich noch mit Tobias sprechen, aber ich bin mir sicher, er wird einverstanden sein."

"Was für eine Idee?", fragte Carla.

"Nun, was hältst du davon, bis Ende des Jahres oder bis Ende Januar bei uns zu wohnen? Du kennst unser Gästezimmer ja schon. Du müsstest keine Miete bezahlen, nur einen kleinen Betrag für **Strom- und Wasserverbrauch.**

---

hauptsächlich, mainly | **Wobei der Job wirklich klasse war,** The job was really great, though | **der Mordfall,** murder | **der Strom- und Wasserverbrauch,** electricity and water consumption

Tobias ist aktuell viel unterwegs und ich bin ab Dezember für drei Wochen auf Lesereise. Es wäre also auch für uns von Vorteil, jemanden im Haus zu haben. Logischerweise kann Henrik dich jederzeit besuchen kommen und auch gerne über Nacht bleiben. Du machst deinen Portugiesischunterricht weiter, fängst mit dem Buch an und überlegst dir in Ruhe, wie du dir deine Zukunft ab nächstes Jahr vorstellst. In den letzten Monaten gab es bei dir sehr viele Veränderungen, es ist viel passiert. Du bist noch sehr jung und ich glaube, ein paar Wochen Ruhe tun dir gut. Auch ohne finanziellen Stress."

"Wow, Sheila, das ist wirklich nett von dir. Wenn Tobias einverstanden ist, wäre das natürlich super. Aber bist du sicher, dass ich keine Miete bezahlen soll?"

"Ganz sicher. Das Haus gehört uns und die **Hypothek** ist bezahlt, d.h. wir haben nur die laufenden Kosten. Pass auf, Tobias kommt morgen zurück. Ich spreche dann kurz mit ihm und sage dir Bescheid. Wenn du willst, kannst du dann am Wochenende schon kommen oder du bleibst eine Woche in deinem Airbnb und ziehst danach bei uns ein."

Nach dem Telefonat mit Sheila fühlte Carla sich viel besser. Klar, die Krimiautorin hatte Recht. Warum sollte sie einen Job suchen und jeden Tag Zeit mit **Pendeln** verlieren, wenn sie genauso gut von zu Hause aus arbeiten konnte. Sie fragte sich nur, ob Henrik ihre Entscheidung verstehen würde. Oder wäre ihre Beziehung damit beendet? Sie würde ihn morgen anrufen und mit ihm sprechen.

---

die Hypothek, mortgage | **das Pendeln,** commuting

I. Verständnisfragen

1. Carla erzählt Sheila, dass
   a) ihr Treffen mit Fernanda sie zum Nachdenken gebracht hat.
   b) sie sich von Henrik trennen will.
   c) Henrik nicht länger bei Erik wohnen will.

2. Sheila
   a) hat Literaturwissenschaften studiert.
   b) hat schon als Teenager geschrieben.
   c) war in Carlas Alter schon als Autorin erfolgreich.

3. Sheila schlägt Carla vor,
   a) kostenlos bei ihr zu wohnen.
   b) bei ihr zu wohnen und eine kleine Miete zu bezahlen.
   c) bei ihr zu wohnen und nur ihren Anteil am Strom- und Wasserverbrauch zu bezahlen.

4. Nach dem Telefonat mit Sheila
   a) ruft Carla Henrik an.
   b) macht Carla einen Spaziergang.
   c) fühlt Carla sich besser.

II. Umgangssprachliche und idiomatische Ausdrücke

ausflippen–to lose one's temper
Wenn du ausflippst, sagst du Sachen, die nicht freundlich sind oder wirst aggressiv.

"Als Michael Jenny sagt, dass er €5000 im Casino verloren hatte, flippte sie total aus und schrie ihn an."

"Wenn Thomas zu viel Alkohol getrunken hat, flippt er leicht aus. Gestern hat er sich mit zwei anderen Gästen in der Bar laut gestritten."

es stört mich nicht–I don't mind

"stören" bedeutet "to disturb". Wenn dich etwas nicht stört, ist es dir egal, es ist kein Problem für mich. Umgekehrt nerven uns manche Sachen, d.h. sie stören uns.

"Ich mache zwar gerade Hausaufgaben, aber es stört mich nicht, wenn du Musik hörst.

"Es stört mich, wenn du beim Essen immer Nachrichten am Handy schreibst."

lausig bezahlt–very badly paid

Wenn etwas lausig bezahlt ist, bekommst du nur sehr wenig Geld für deine Arbeit. Das Wort "lausig" kommt von dem Substantiv "die Laus" (louse) und dieses Tier mag sicher niemand. Man kann auch sagen:

"Ist dir eine Laus über die Leber gelaufen?" (lit.: "Has a louse walked over your liver?" → "Is something bugging you?")

"Welche Laus ist dir denn über die Leber gelaufen?" → What's bitten you?

Die Idee hinter den idiomatischen Ausdrücken auf Englisch ist ähnlich wie im Deutschen. Und auch im Englischen gibt es einen "lousy job" oder ein "lousy payment".

wobei der Job wirklich klasse war–the job was really great, though

Das Wort "klasse" bedeutet "super", aber interessanter an diesem Ausdruck ist der Beginn mit "wobei", den man mit "though" übersetzen kann. Im umgangssprachlichen Deutsch hört man oft ähnliche Sätze:

"Wobei er wirklich nicht wusste, dass das gefährlich ist."

"Wobei ich das natürlich nicht geglaubt habe."

"Wobei sie das nie hätte tun sollen."

III. Konversationsfragen

1. Bist du schon einmal richtig ausgeflippt? Oder hast du schon mal eine Situation erlebt, wo jemand ausgeflippt ist? Erzähle.
2. Welche Eigenschaften eines Menschen stören dich?
3. Warum akzeptieren Menschen lausig bezahlte Jobs?
4. Welche Jobs sind klasse für Studenten?
5. Hast oder hattest du einen Traum, den du nicht verfolgt hast, weil du dachtest, es ist zu kompliziert?

Lösungen Verständnisfragen
1a, 2b, 3c, 4c

5. Gespräch im Café

Zwei Tage später saßen sich Carla und Henrik in einem Café in Berlin Mitte gegenüber. Henrik nahm Carlas Hand.

"Hör mal, es tut mir leid wegen der Wohnung. Ich hätte dir sagen sollen, dass es schwierig ist, so schnell eine bezahlbare und nette Wohnung zu finden. Dann hättest du noch ein bisschen länger in Portugal bleiben können. Aber ganz egoistisch wollte ich dich halt so schnell wie möglich wieder bei mir haben. **Leider ist der Schuss nach hinten losgegangen**."

"Ach, Henrik", Carla drückte seine Hand. "Ich habe auch überreagiert, aber diese Wohnung war einfach so schrecklich und ich habe echt gedacht, du würdest diesem Idioten sagen, wir nehmen sie."

"Natürlich nicht, aber ich habe nicht dein südländisches Temperament und wollte das Ganze etwas diplomatischer beenden. Zumal die Wohnung ja auch viel zu teuer für uns gewesen wäre. Ich habe gestern Abend noch einmal intensiv Wohnungsanzeigen **durchforstet** und einige Vermieter angeschrieben. Und Erik meint, du kannst jederzeit zurückkommen. Er ist wirklich nicht viel da, weißt du? Thomas' Mitbewohnerin hat seit kurzem einen neuen Freund mit einer schicken Wohnung. Sie ist deshalb viel bei ihm und Erik viel bei Thomas. Und ich bin **mutterseelenallein** in Eriks Wohnung."

Carla musste lachen. "Also gibt es doch Wohnraum in Berlin. Nur irgendwie alles temporär und man weiß nie, wann der eigentliche Mieter der Wohnung plötzlich wieder auftaucht. Und sei es auch nur, um frische Wäsche zu holen."

"Ja, so ungefähr. Aber wir finden bestimmt eine Wohnung."

Der Schuss ist nach hinten losgegangen, It went totally wrong | **etwas durchforsten,** to search sth | **mutterseelenallein,** totally alone

"Du, Henrik, es ist nicht so eilig."

"Wie meinst du das?"

"Sheila hat mir angeboten, bis Januar bei ihr und Tobias im Gästezimmer zu wohnen. Mietfrei, ich muss nur einen Anteil für Strom und Wasser zahlen."

Henrik sah sie an. "Dann willst du nicht mehr mit mir zusammenziehen?"

"Das habe ich nicht gesagt. Und du kannst jederzeit kommen und auch übernachten, meinte Sheila. Aber schau mal, so haben wir etwas mehr Zeit, um uns nach einer Wohnung umzuschauen und außerdem kann ich in Ruhe überlegen, was ich ab nächstes Jahr wirklich machen möchte."

Jetzt **runzelte Henrik die Stirn**. "Ich denke, es war klar, dass du dich hier in Berlin für den Studiengang Umweltwissenschaften bewirbst. Du denkst hoffentlich nicht allen Ernstes darüber nach, Literaturwissenschaften zu studieren, oder?"

"Warum sagst du das so **abwertend**?"

"Sheila ist eine erfolgreiche Schriftstellerin, klar, aber Tatsache ist, dass 90% aller Leute, die **im künstlerischen Bereich tätig sind**, noch irgendwelche Nebenjobs haben, um finanziell irgendwie **über die Runden zu kommen**."

---

die Stirn runzeln, to frown | **abwertend,** deprecative | **im künstlerischen Bereich tätig sein,** to work in the sector of the arts | **über die Runden kommen,** to make ends meet

"Und wieso kannst du dir nicht vorstellen, dass ich vielleicht zu den 10% gehören könnte, die es schaffen, mit einem künstlerischen Beruf erfolgreich zu sein?", fragte Carla **herausfordernd.**

"Mein Gott Carla, ich würde es dir wirklich wünschen, aber **die Statistiken sprechen nun einmal dagegen.**"

"Nun, ich denke gar nicht so stark darüber nach, Literaturwissenschaften zu studieren."

"Uff, **das beruhigt mich.**"

"Tatsächlich denke ich darüber nach, gar nicht zu studieren."

"Wie bitte? Bist du verrückt geworden?"

"Nein, ich denke und hoffe nicht." Carla erzählte Henrik von Fernanda und dass auch Sheila nie studiert hatte, aber er blieb bei seiner Meinung, dass nur ein solides Studium im naturwissenschaftlichen, technischen oder wirtschaftlichen Bereich die Grundlage für einen guten Job mit einem entsprechend hohen Gehalt war, das einem einen angenehmen Lebensstil ermöglichte.

"Sei vernünftig, Carla. Du kannst doch in deiner Freizeit schreiben. Ja, vielleicht hast du Erfolg, aber vielleicht dauert es auch zehn Jahre. Ich zumindest möchte mir spätestens in drei Jahren eine Wohnung leisten können, die mir gefällt. Egal, wie hoch die Miete ist. Und mindestens zweimal im Jahr in Urlaub fahren. Raus aus Europa, die Welt kennenlernen. Das willst du doch auch."

"Ja, das will ich auch, aber ich will nicht den größten Teil meiner Zeit mit einem Job verbringen, der mir keinen Spaß macht."

---

herausfordernd, in a challenging way | **Die Statistiken sprechen dagegen,** statistics contradict it | **das beruhigt mich,** that calms me down

"Nun, solange du als Schriftstellerin oder was immer dir so **vorschwebt** keinen Erfolg hast, wird aber genau das passieren. Du wirst irgendwelche Jobs machen, die dir keinen Spaß machen und mit denen du zudem wenig Geld verdienst."

"Oh Mann, du redest, als wärest du mein Vater."

Jetzt musste Henrik grinsen. "Das liegt wahrscheinlich daran, dass ich ein paar Jahre älter bin als du. Aber du bist erwachsen und es ist deine Entscheidung. Ich habe dir nur meine Meinung gesagt. Lass uns von etwas anderem reden, okay?"

"Ja, okay. Erzähl mir deine Neuigkeiten."

"Kannst du dich an Iva erinnern?"

"Ja, logisch, Alzheimer habe ich noch nicht."

Die junge Bulgarin Iva war eine Hackerin, die vor einigen Wochen geholfen hatte, Matti, einen Russen **finnischer Abstammung** aufzuspüren, der Carlas und Henriks Workaway-Hosts auf der Insel Rügen Schmuck und Bargeld gestohlen hatte. Dabei hatte sich herausgestellt, dass Matti den **Diebstahl** begangen hatte, um seiner Mutter zu helfen, die nach einem schweren Unfall in einem russischen Krankenhaus lag. Iva und Sheila hatten eine Crowdfunding-Kampagne organisiert, um **die Krankenhauskosten zu decken** und mittlerweile lebten Matti und seine Mutter in Finnland. Carla war von Anfang fasziniert von Iva gewesen, weil die Bulgarin eine wirkliche **Schönheit**, aber gleichzeitig total verschlossen und emotionslos war. Später hatte sie **erfahren**, dass Iva als Kind an Polio erkrankt und seitdem **behindert** war.

---

vorschweben, to have in mind | **finnischer Abstammung,** of Finnish origin | **der Diebstahl,** theft | **die Kosten decken,** to cover the costs | **erfahren,** to learn, to find out | **die Schönheit,** beauty | **behindert,** disabled, handicapped

"Was ist mit Iva? Ich würde sie gerne mal wieder treffen."

"Das passt ausgezeichnet. Iva hat nächste Woche Geburtstag und ihre Schwester organisiert eine Party."

"Iva und Party? Irgendwie passt das nicht. Und ich dachte, sie wäre alleine in Berlin."

"Die Schwester ist gerade zu Besuch, sie lebt in Bulgarien. Erik hat sie schon kennengelernt und meinte, sie wäre das totale Gegenteil von Iva. Also, von der Persönlichkeit her. Naja, jedenfalls wird Iva 25 und Dara, die Schwester, meint, dass das unbedingt gefeiert werden muss. Sie organisiert also eine Überraschungsparty und wir sind eingeladen. Du kommst doch, oder?"

"Ja, klar, aber ich habe weiterhin so meine **Zweifel,** dass Iva begeistert sein wird."

"Ach, **Quatsch**, ihre Schwester wird sie ja wohl am besten kennen. Halt dir nächste Woche Freitagabend frei und ich gebe dir später alle Informationen, wann und wo die Party stattfinden wird."

"Gut, alles klar, mache ich."

"Ab wann bist du bei Sheila?"

"Ab Samstag. Magst du kommen und das Wochenende bei mir verbringen?"

"Bei so einem Angebot kann ich unmöglich nein sagen. Dann sehen wir uns Samstag. Ich kann so gegen 17 Uhr da sein. Passt das?"

"Ja, optimal."

---

der Zweifel, doubt | **Quatsch,** nonsense

Henrik verabschiedete sich mit einem Kuss von Carla. Diese blieb noch eine Weile im Café und trank einen weiteren Cappuccino. Alles würde gut werden.

I. Verständnisfragen

1. Henrik bietet Carla an, wieder bei Erik zu wohnen, weil
    a) Erik selten zuhause ist.
    b) Erik umgezogen ist.
    c) er sie vermisst.

2. Henrik
    a) findet es gut, dass Carla Schriftstellerin werden will.
    b) meint, dass die meisten Schriftsteller finanzielle Probleme haben.
    c) meint, dass Carla kein Studium braucht.

3. Henrik möchte nach dem Studium
    a) einen guten Job finden.
    b) eine Weltreise machen.
    c) eine Wohnung kaufen.

4. Carla
    a) freut sich über die Einladung zu Ivas Geburtstagsfeier.
    b) möchte nicht zu Ivas Geburtstagsfeier gehen.
    c) glaubt, dass Iva die Geburtstagsfeier nicht gefallen wird.

II. Umgangssprachliche und idiomatische Ausdrücke

Der Schuss geht nach hinten los–it went totally wrong
Wenn der Schuss nach hinten losgeht, passiert das Gegenteil von dem, was du erwartet hast und du bekommst eine negative Reaktion. Deine Intentionen können gut oder schlecht gewesen sein.

"Sabine hat schlecht über Maria geredet, damit sie ihren Job verliert, aber der Chef hat es bemerkt und Sabine gekündigt. Da ist der Schuss wohl nach hinten losgegangen."

etwas durchforsten–to search sth
Wenn du etwas durchforstet, suchst du in einer großen Menge nach bestimmten Informationen oder Dingen. Das Wort "Forst" bedeutet "Wald". Stell dir also einen Wald vor, in dem du etwas Bestimmtes finden musst. Nicht so einfach.

"Er hatte das ganze Geschäft durchforstet, aber kein passendes Geschenk für seine Mutter gefunden."

mutterseelenallein sein–totally alone
Wenn du sagst, dass du mutterseelenallein bist, willst du damit ausdrücken, dass wirklich niemand in deiner Nähe ist, kein anderer Mensch und auch kein Haustier.

"Ich habe zwei Stunden mutterseelenallein zu Hause gesessen und darauf gewartet, dass du kommst."

"Seit sein Hund gestorben ist, lebt er mutterseelenallein in dem großen Haus."

über die Runden kommen–to make ends meet

Wenn du gut über die Runden kommst, bedeutet das, dass dein Geld ohne Probleme immer bis zum Ende des Monats reicht.

"Mit fünf Kindern kommen sie ohne staatliche Hilfe nicht über die Runden."

"Keine Ahnung, was er mit seinem Geld macht, aber er kommt nie über die Runden. Jeden Monat bittet er seinen Vater um Hilfe."

vorschweben–to have in mind

"schweben" bedeutet "to float". Wenn dir etwas vorschwebt, hast du eine Idee, aber noch keinen richtigen Plan.

"Mir schwebt ein Urlaub in den Bergen vor, aber es kommt darauf an, ob es genug Schnee gibt."

"Ich würde morgen gerne ins Kino gehen und was schwebt dir so vor?"

III. Konversationsfragen

1. Kannst du dich an eine Situation erinnern, wo du einen tollen Plan hattest und dann ist der Schuss nach hinten losgegangen?
2. Wann hast du das letzte Mal etwas durchforstet? Wonach hast du gesucht?
3. Warum ist es schön oder nicht schön, mutterseelenallein zu sein?
4. Bist du als Student gut über die Runden gekommen oder hattest du mal finanzielle Probleme?
5. Welche Art von Urlaub schwebt dir für das nächste Jahr vor?
6. Wie stellst du dir dein Leben in 5 oder 20 Jahren vor?
7. Wie feierst du deinen Geburtstag?

Lösungen Verständnisfragen
1a, 2b, 3a, 4c

6. Die Geburtstagsparty

Am Freitagabend holte Carla Erik und Henrik um acht Uhr ab und zusammen fuhren sie zu der Adresse, die Dara auf der Einladung angegeben hatte.

"Das ist ein russisches Restaurant", meinte Erik. Die haben einen total schönen Wintergarten, den sie für Feiern vermieten."

Tatsächlich war der Wintergarten ein großer Saal, der durch Pflanzen raffiniert **aufgeteilt** worden war. Ideal für Feiern, wo man nicht die ganze Zeit mit allen Leuten zusammen an einem Tisch sitzen wollte. An einer Seite war ein Buffet aufgebaut. Carla schaute sich um, sah aber nur unbekannte Gesichter. Auch von Iva war nichts zu sehen.

"Lass uns erstmal etwas essen", **schlug Henrik vor.**

Sie holten sich einige Kleinigkeiten vom Buffet und setzten sich an einen Tisch neben einem riesigen Kaktus.

"Ah, schau, da kommt Iva", meinte Henrik, als sie fast aufgegessen hatten. "Und die Frau, die bei ihr ist, muss wohl ihre Schwester sein."

Die Familienähnlichkeit war nicht zu übersehen. Die Frau, die Iva mit ihrem Rollstuhl in den Saal schob, war genauso eine Schönheit wie ihre Schwester. Anders als diese begrüßte sie jedoch alle mit einem strahlenden Lächeln.

"Ich hole noch etwas zu essen. Willst du auch etwas?", fragte Henrik Carla.

"Ich hole noch etwas zu essen. Willst du auch etwas?", fragte Henrik Carla.

---

aufteilen, to divide | **vorschlagen,** to suggest

Henrik verschwand und fast gleichzeitig wurde Erik von einem Bekannten zu einer Gruppe von Studenten gezogen, die sich lebhaft unterhielten. So hatte Carla Zeit, **das bunte Treiben** zu beobachten. Für eine Geburtstagsparty waren ganz schöne viele Leute da, mindestens 30, **schätzte** Carla.

Nach einer Weile wunderte sie sich, dass Henrik immer noch nicht zurück war. Von ihrem Platz aus konnte sie nur einen Teil des Buffets sehen und da war Henrik definitiv nicht. Sie schickte ihm eine Nachricht auf WhatsApp, bekam aber keine Antwort. **Schließlich** stand sie auf und ging zum Buffet. **Keine Spur** von Henrik. Dafür sah sie Iva alleine in einer Ecke zwischen zwei Pflanzen sitzen. Carla ging zu ihr hin.

"Herzlichen Glückwunsch zum Geburtstag, Iva." Sie beugte sich zu der Bulgarin herunter und gab ihr einen Kuss auf die Wange.

"Danke." Iva lächelte leicht.

Carla setzte sich auf den Stuhl neben ihr. Die beiden Frauen schwiegen eine Weile.

"Meine Schwester liebt es, Partys zu organisieren und sucht immer nach einem Grund für eine Feier", meinte Iva schließlich.

"Ich verstehe. Ist sie extra **deinetwegen** aus Bulgarien gekommen?"

"Natürlich nicht. Sie ist Eventmanagerin und hat den Aufenthalt einer Gruppe bulgarischer Geschäftsleute hier organisiert. Restaurantbesuche, kulturelle Veranstaltungen, Geschäftsmeetings und natürlich auch persönliche Services mit Massagen im Hotelzimmer. Du verstehst ...?"

---

das bunte Treiben, the hustle and bustle | **schätzen,** to estimate | **schließlich,** finally | **keine Spur von,** no sign of | **deinetwegen,** because of you

Carla schaute Iva an. "Du meinst, Dara geht mit den Typen aufs Hotelzimmer?"

"Nein, nein. Sie organisiert alles. Nur, wenn ihr ein Typ gefällt, springt sie auch mal persönlich ein. Passiert aber eher selten, da diese Leute meist über 50 oder älter sind und Dara steht eher auf junge, knackige Kerle. Also, **versteh mich nicht falsch**. Meine Schwester ist wirklich gut in ihrem Job und in 99% aller Fälle trennt sie Job und Privatleben. Sie ist nett, aber halt oft auch anstrengend und wie du wohl schon gemerkt hast, bin ich von dieser Party alles andere als begeistert. Spätestens nach dem dritten Glas Bier erinnert sich eh niemand mehr daran, dass es offiziell meine Geburtstagsparty ist. Vielleicht kannst du mir helfen, unauffällig von hier zu verschwinden. Wir könnten so tun, als brauchen wir ein bisschen frische Luft und ich rufe dann draußen ein Taxi."

"Ja, klar, kein Problem. Ich kenne hier auch niemanden und Henrik ist verschwunden." Carla schaute auf ihr Handy. "Und liest auch meine Nachrichten nicht." Sie zögerte. "Oder hast du Lust, in der Nähe noch etwas trinken zu gehen?"

Iva lächelte. "Warum nicht?"

Carla wollte gerade aufstehen, als sie plötzlich Henrik sah, der **sich angeregt** mit Dara **unterhielt**. Die beiden setzten sich an einen Tisch.

Iva hatte Carlas Blick gesehen. Sie nahm ihre Hand. "Lass uns gehen."

Carla manövrierte Ivas Rollstuhl so aus dem Saal, dass sie von Henrik und Dara nicht gesehen werden konnte. Wobei es eigentlich egal war, denn offenbar hatten die beiden nur Blicke **füreinander**.

---

verstehe mich nicht falsch, don't get me wrong | **sich angeregt unterhalten,** to have a lively conversation | **füreinander,** for each other

Eine halbe Stunde später saßen Iva und Carla in einem kleinen ruhigen Café und tranken ein Glas Wein.

"Scheint so, als würde deine Schwester tatsächlich auf junge, knackige Kerle stehen", meinte Carla **mit einem schiefen Lächeln**. "Irgendwie scheint alles schiefzugehen, seit ich in Berlin bin". Sie merkte, wie ihr die Tränen kamen.

"Was ist denn noch passiert?", fragte Iva.

Carla erzählte ihr von dem Chaos mit der Wohnung und dass sie am Sonntag bei Sheila einziehen würde.

"Vielleicht bin ich schuld, dass Henrik lieber mit Dara spricht. Ich war in den letzten Tagen nicht nett zu ihm. Aber er **gibt sich** auch keine **Mühe**, finde ich."

Iva schaute sie an: "Egal, was passiert, Dara wird nach Bulgarien zurückgehen. Sie will keine Beziehung. Es gibt in Sofia einen Mann, den sie liebt, aber er ist verheiratet. Auch meine Schwester hat so ihre Probleme. Sie kompensiert, indem sie mit anderen Typen flirtet und ja, manchmal auch mehr. Leider ist es ihr egal, ob sie dabei anderen Menschen weh tut."

Carla schaute **nochmals** auf ihr Handy. "Henrik hat meine Nachricht noch nicht einmal gelesen. Er wollte nur etwas vom Buffet holen. Das ist jetzt mehr als zwei Stunden her und seitdem nichts, kein Lebenszeichen. Das ist doch nicht normal."

Plötzlich schaute sie Iva an. "Könntest du herausfinden, wo er die Nacht verbringt?"

---

mit einem schiefen Lächeln, with a wry smile | **sich Mühe geben,** to make an effort, **nochmals,** once again

Iva lachte. "Nein, so einfach ist das nicht. Ich kann viele Sachen online herausfinden, aber ich kann nicht das Handy einer anderen Person tracken, weder seines noch Daras."

"Schläft Dara bei dir?"

"Nein, sie ist einem Hotel. Carla, hör auf, **dich verrückt zu machen.** Dara liebt Partys und sie **verträgt** mehr **Alkohol** als die meisten Kerle. Wahrscheinlich ist Henrik mittlerweile völlig betrunken und Dara hat sich ein anderes **Opfer** zum Flirten gesucht. Sie wird Party machen, bis alle den Saal verlassen müssen, dann ein paar Stunden schlafen und morgen ist sie wieder topfit für ihre Geschäftsleute, während dein Norweger noch seinen Rausch ausschläft."

"Na, wenn du das sagst."

"Dann stimmt das. Im Gegensatz zu meiner Schwester bin ich aber nur ein **Nachtmensch**, wenn ich vor dem Computer hocke und würde deshalb jetzt gerne nach Hause."

Carla lächelte. "**Das passt für mich.** Ich habe auch noch eine Stunde Fahrt bis zu meinem Airbnb vor mir."

Die beiden Frauen verließen das Café und **verabschiedeten sich.** Iva nahm ein Taxi nach Hause und Carla die S-Bahn.

Um kurz vor eins lag Carla im Bett. Henrik hatte ihre Nachricht immer noch nicht gelesen. Sie erinnerte sich an einen **Vorfall** in München vor einigen Monaten.

---

sich verrückt machen, to think too much | **Alkohol vertragen,** to tolerate alcohol | **das Opfer,** victim | **der Nachtmensch,** night owl | **Das passt für mich,** that works for me | **sich verabschieden,** to say goodbye to each other | **der Vorfall,** incident

Damals hatte Henrik Besuch aus Norwegen bekommen und ihr gemeinsamer Mitbewohner hatte ihr erzählt, das wäre seine Freundin. Tatsächlich war es seine kleine Schwester, die sich mit ihrem Freund und ihren Eltern gestritten hatte und nach Deutschland abgehauen war. Carla war **verzweifelt** gewesen, aber das war jetzt nicht so. Vielleicht ein bisschen, als sie Henrik und Dara zusammen gesehen hatte, aber jetzt nicht mehr. Egal, was Iva sagte, wenn Henrik und Dara zusammenkämen, dann wäre das halt so. Liebte sie Henrik nicht mehr? In diesem Moment wusste Carla es selber nicht. Sie drehte sich um und schlief erst einmal.

---

verzweifelt, desperate

I. Verständnisfragen

1. Iva und ihre Schwester Dara
    a) verstehen sich sehr gut.
    b) sehen sich sehr ähnlich.
    c) sehen sich nicht ähnlich.

2. Henrik ging zum Buffet und
    a) kam nicht zurück.
    b) brachte Carla ein Glas Wein.
    c) traf dort Iva.

3. Iva erzählt, dass Dara
    a) Beruf und Privatleben immer trennt.
    b) einen verheirateten Mann in Bulgarien liebt.
    c) nur ältere Männer mag.

4. Nach dem Gespräch im Café
    a) fahren Carla und Iva zusammen zu Iva.

b) nimmt Iva ein Taxi und Carla die S-Bahn.

c) verabreden sich Carla und Iva für den nächsten Tag.

II. Umgangssprachliche und idiomatische Ausdrücke

das bunte Treiben–the hustle and bustle

Von einem bunten Treiben spricht man, wenn viele verschiedene Menschen an einem Ort sind und etwas machen, oft auch an Urlaubsorten, wo alles fremd und exotisch ist.

"Sie setzte sich in das Straßencafé in Istanbul und beobachtete das bunte Treiben um sich herum."

ein schiefes Lächeln–a wry smile

Ein schiefes Lächeln hat man, wenn man eigentlich gar nicht lächeln möchte, weil man sich traurig fühlt oder die Situation einfach nicht lustig findet.

"An seinem letzten Arbeitstag verabschiedete er sich mit einem schiefen Lächeln von seinen Kollegen."

"Sie lächelte schief, während er schon wieder Witze auf ihre Kosten machte."

sich verrückt machen–to think too much

Wenn man sich verrückt macht, denkt man ständig über das gleiche Problem nach, auch wenn man weiß, dass man keine Lösung finden wird. Manche Menschen machen sich auch vor einer wichtigen Prüfung oder vor einem Vorstellungsgespräch verrückt. d.h. sie sind dann sehr nervös und denken, dass es katastrophal werden wird.

"Mach dich nicht verrückt, du hast soviel gelernt, natürlich bestehst du die Prüfung".

"Er macht sich total verrückt, weil er nicht weiß, wie er den Kredit zurückbezahlen soll."

III. Konversationsfragen

1. Wann hast du dich das letzte Mal verrückt gemacht? Was war der Grund?
2. Welchen Rat hättest du Carla im Café gegeben?
3. Wo und wie wird Henrik deiner Meinung nach die Nacht verbringen?

Lösungen Verständnisfragen
1b, 2a, 3b, 4b

7. Gefühlschaos

Carla hatte am Samstagnachmittag gerade ihre letzte Portugiesischstunde beendet, als ihre Airbnb-Vermieterin an ihre Tür klopfte.

"Kommen Sie bitte, hier ist jemand für Sie."

Carla ging erstaunt zur Haustür. Dort stand ein Mann mit einem Strauß roter Rosen.

"Carla Santos?", fragte er.

"Ja, das bin ich."

"Das ist für Sie. Er übergab ihr den Blumenstrauß und einen **Umschlag**.

Carla bedankte sich und brachte beides in ihr Studio. Dort holte sie eine Karte aus dem Umschlag. Auf der Vorderseite war "**Verzeih mir**" gedruckt. Sie öffnete die Karte und fing an, den Text zu lesen.

Liebe Carla,

ich habe mich gestern unglaublich dumm verhalten und weiß gar nicht, wie ich es dir erklären soll. Denn eigentlich gibt es keine Erklärung. Aber ich hoffe, dass du mir verzeihen kannst. Und ich hoffe, dass du gut nach Hause gekommen bist.

*Nun, wahrscheinlich sogar besser als ich, denn ich war so betrunken, dass ich bei Erik in die Wohnung **gekotzt** habe, nachdem ich gegen 3 Uhr morgens lärmend bei ihm angekommen bin. Er war entsprechend sauer, und du kannst mir glauben, dass er mich **zur Schnecke gemacht hat.***

---

der Umschlag, envelope | **Verzeih mir,** Forgive me | **kotzen,** to vomit | **jemanden zur Schnecke machen,** to tear strip off someone

*Ich habe am Buffet Ivas Schwester kennengelernt und sie hat mir die Liköre aus Bulgarien erklärt, die sie extra für Ivas Party organisiert hatte. Natürlich musste ich alle probieren und dann kamen noch Freunde von Dara, denen sie mich vorgestellt hat. Irgendwann bin ich wieder zum Buffet und wollte dir auch einen Likör an den Tisch bringen, aber als ich kam, warst du nicht mehr da. Nein, nein, ich will **die Schuld nicht auf dich schieben.** Ich habe irgendwie gar nicht mitgekriegt, dass ich dich mehr als eine Stunde allein gelassen hatte und war dann auch schon zu betrunken, um mir großartig Gedanken zu machen.*

*Irgendwann um Mitternacht haben wir die Party zu sechst verlassen und waren noch in einer bulgarischen Kneipe. Mehr Alkohol, wie du dir vorstellen kannst. So einen **Absturz** und so einen **Kater** hatte ich lange nicht mehr.*

Carla, ich sitze in einem Café zwei Straßen weiter und warte auf dich. Bitte komm.

In Liebe, Henrik

Carla ließ ihre Hand mit der Karte sinken. Für ihre Entscheidung brauchte sie nicht lange. Jetzt und auf der Stelle würde sie in diesem Café mit Henrik Schluss machen. Es reichte. Der Typ war in Berlin offenbar ein anderer Mensch als in München. Nicht sie war das Problem, sondern er und genau das würde sie ihm jetzt sagen. Besser ein Ende mit Schrecken als ein Schrecken ohne Ende. **Wenn das Kapitel Henrik erledigt war,** könnte sie den Rest des Jahres in Ruhe bei Sheila verbringen und sich über ihre Zukunft Gedanken machen.

---

die Schuld auf jemanden schieben, to blame s.o. | **der Absturz,** crash (here: after too much alcohol) | **der Kater,** hangover | **wenn das Kapitel Henrik erledigt was,** when Henrik was history

Carla zog sich Schuhe und Jacke an und machte sich auf den Weg zum Café. Sie sah Henrik sofort. Obwohl es Samstagnachmittag war, war er der einzige Gast und saß vor einer Tasse Kaffee. **Zugegebenermaßen** sah er tatsächlich ziemlich fertig aus. Nun gut, dann war das heute halt nicht sein Glückstag. Entschlossen ging sie auf ihn zu.

"Hallo, Henrik."

Henrik schaute auf, sprang von seinem Stuhl auf und strahlte. Ehe Carla auch nur ein weiteres Wort sagen konnte, fand sie sich in seinen Armen wieder.

"Ich bin so froh, dass du gekommen bist. Ich hatte echt Angst, du willst nichts mehr mit mir zu tun haben", flüsterte er in ihr Ohr.

Je länger Henrik sie in den Armen hielt, desto stärker fühlte Carla ihre **Entschlossenheit** dahinschwinden.

"Lass uns einen Spaziergang machen", murmelte sie schließlich.

Gemeinsam liefen sie Hand in Hand zu einem nahegelegenen Park. Plötzlich verspürte Carla keinerlei Lust mehr auf Diskussionen und Streit und Henrik schien es genauso zu gehen. Sie genossen die kühle Novemberluft auf ihren Gesichtern und sahen den Enten auf dem See zu, die von zwei Kindern und ihrer Mutter mit **Brotkrumen** gefüttert wurde.

Nach zwei Stunden Spaziergang brachte Henrik Carla zurück zu ihrem Airbnb.

---

zugegebenermaßen, admittedly | **die Entschlossenheit,** decisiveness | **der Brotkrumen,** breadcrumb

"Ich hole dich morgen um zehn ab und wir bringen zusammen alle deine Sachen zu Sheila, einverstanden?"

"Einverstanden. Vorausgesetzt, du schaffst es, heute Abend **nüchtern zu bleiben.**" Die letzte Bemerkung konnte Carla sich dann doch nicht **verkneifen.**

Henrik lächelte sie schief an. "Ich glaube, der Kater reicht noch bis morgen. Heute werde ich nur noch ins Bett fallen."

Henrik hielt Wort. Pünktlich um zehn Uhr stand er mit einem kleinen Auto vor der Tür, das er von einem Bekannten geliehen hatte. Sie packten Carlas Rucksack zu dem Rest ihrer Sachen, die Henrik mitgebracht hatte.

Sheila erwartete sie bereits und lud die beiden ein, zum Mittagessen zu bleiben.

"Wir hatten gestern eine kleine Feier und hatten Essen vom Inder bestellt. Da ist noch reichlich übrig. Viel zu viel für Tobias und mich. Es wäre also super, wenn ihr bleiben würdet."

Letztlich blieb Henrik dann bis zum nächsten Morgen und fuhr von Sheila aus zur Universität, während Carla sich auf ihre Portugiesischstunden vorbereitete und einen Teil des Tages damit verbrachte, an dem Plot eines Romans zu arbeiten, den sie schreiben wollte.

Die folgenden Wochen bis Ende November verliefen ruhig und auch die Beziehung zwischen Carla und Henrik war wieder harmonisch.

---

nüchtern bleiben, to stay sober | **sich etwas verkneifen,** to refrain from saying sth

Die beiden sahen sich alle zwei bis drei Tage und die Wochenende verbrachte Henrik bei Carla. Von Iva und ihrer Schwester hörten sie nichts mehr.

I. Verständnisfragen

1. Henrik hat Carla Blumen gekauft, weil
   a) sie Geburtstag hat.
   b) sie Blumen mag.
   c) er sich entschuldigen will.

2. Nachdem Carla Henriks Brief gelesen hat,
   a) ist sie nicht mehr wütend.
   b) will sie die Beziehung sofort beenden.
   c) fängt sie an zu weinen.

3. Carla trifft Henrik im Cafe und
   a) sie machen einen Spaziergang.
   b) haben ein langes Gespräch.
   c) streiten sich.

4. In der Zeit bis Ende November
   a) sehen Carla und Henrik sich regelmäßig.
   b) sehen Carla und Henrik sich selten.
   c) haben Carla und Henrik oft Streit.

II. Umgangssprachliche und idiomatische Ausdrücke

jemanden zur Schnecke machen–to tear strips off someone
Wenn ich jemanden zur Schnecke mache, mache ich einer Person so starke Vorwürfe, dass sie sich nicht mehr traut, etwas zu sagen und sich wie eine Schnecke (snail) am liebsten in ihrem Häuschen verstecken würde.

"Ich habe das Angebot an den falschen Kunden geschickt und natürlich hat mich der Chef total zur Schnecke gemacht."

"Als mir die teure Vase von meiner Schwester heruntergefallen ist, hat diese mich so richtig zur Schnecke gemacht."

die Schuld auf jemanden schieben/jemandem die Schuld in die Schuhe schieben–a to blame someone
Beide Ausdrücke bedeuten, dass du sagst, dass du unschuldig (innocent) bist und eine andere Person für einen Fehler verantwortlich machst.

"Immer, wenn Thomas etwas kaputt macht, schiebt er die Schuld seiner kleinen Schwester in die Schuhe."

"Das Projekt war eine Katastrophe und der Chef hat die Schuld auf mich geschoben."

der Kater–hangover
Ein Kater ist eigentlich "a male cat". Du benutzt den Ausdruck "Ich habe einen Kater", wenn du abends zu viel Alkohol getrunken hast und am nächsten Morgen mit Kopfschmerzen aufwachst und dich sehr schlecht fühlst. "Sore muscles" sind übrigens ein Muskelkater.

"Nach meiner Geburtstagsfeier hatte ich einen schrecklichen Kater und bin den ganzen Tag nicht aus dem Bett gekommen."

"Gestern war ich zum ersten Mal nach einem Jahr wieder joggen und habe heute natürlich Muskelkater."

das Kapitel ist erledigt/abgeschlossen–something is history
Wenn wir eine Beziehung oder Ehe beenden oder den Job wechseln, sprechen wir oft davon, dass ein Kapitel erledigt oder abgeschlossen ist. Manchmal ist das notwendig, um einen guten Neustart zu schaffen.

"Nachdem er sein Elternhaus verkauft hatte, war er froh, dass das traurige Kapitel seiner Kindheit damit komplett abgeschlossen war."

sich etwas verkneifen–to refrain from saying sth.
Wenn du dir etwas verkneifst, sagst du etwas nicht. Meistens sind es kontroverse Bemerkungen, die einen Streit auslösen können. Aber manchmal ist dir auch die Reaktion deines Gesprächspartners egal und du verkneifst dir eine Bemerkung nicht.

"Ihre neue Frisur sah schrecklich aus, aber er verkniff sich eine Bemerkung, um Streit zu vermeiden."

"Als sie sah, dass er den Müll immer noch nicht heruntergebracht hatte, konnte sie sich eine Bemerkung nicht verkneifen."

III. Konversationsfragen

1. In welcher Situation würdest du jemanden zur Schnecke machen? Bist du selber schon einmal zur Schnecke gemacht worden? Warum?
2. Wieso versuchen Menschen manchmal die Schuld auf andere zu schieben, wenn sie einen Fehler gemacht haben?

3. Wie alt warst du, als du das erste Mal einen Kater hattest? Wie ist es passiert?

4. Welche Kapitel deines Lebens betrachtest du als abgeschlossen? Hast du gute oder schlechte Erinnerungen?

5. Sollte man immer die Wahrheit sagen oder sich lieber manche Bemerkungen verkneifen? Welche Vor- und Nachteile gibt es?

6. Zu welchen Gelegenheit kaufst oder verschenkst du Blumen?

7. Wo und mit wem gehst du gerne spazieren?

Lösungen Verständnisfragen

1c, 2b, 3a, 4a

8. Der Weihnachtsmarkt

Für die erste Dezemberwoche hatte Fernanda **sich angekündigt** und ein Airbnb in der Nähe von Sheilas und Tobias' Haus gemietet. Carla fuhr zum Flughafen, um ihre beste Freundin abzuholen. Nachdem Fernanda ihr Gepäck im Airbnb abgeladen hatte, fuhren die beiden Frauen zum Weihnachtsmarkt am Schloss Charlottenburg.

"Es wird Zeit für unseren ersten Glühwein", meinte Carla.

"Hast du etwa auch noch keinen getrunken?", fragte Fernanda.

"Nein. Henrik und ich wollten vor drei Tagen auf den Weihnachtsmarkt, aber dann musste er noch etwas für die Uni machen und ich hatte letzte Woche auch viel zu tun. Schau mal, da ist schon ein Glühweinstand."

Carla und Fernanda bestellten sich einen Glühwein und setzten sich auf eine Bank.

"Und?", fragte Carla.

"Hm, weiß nicht. Heißen Wein trinken ist irgendwie komisch. Nicht schlecht, aber auch nichts, was ich jeden Tag haben möchte, glaube ich."

"Stimmt. Aber gut für warme Hände", lachte Carla. "Jetzt erzähl mal, wie läuft es bei der Arbeit?"

"Du, wirklich super. Das Coliving-Projekt ist ein voller Erfolg. Wir sind bis Ende Februar schon fast ausgebucht. Die Algarve ist halt ideal, weil die Temperaturen auch im Winter recht angenehm ist.

---

sich ankündigen, to announce one's arrival/visit

Es gibt viele Leute, die nicht unbedingt nach Lateinamerika oder Südostasien wollen, für die ist Portugal ein perfekter Kompromiss. Aber weißt du, was das Beste ist?"

Carla sah Fernanda neugierig an. "Nein, was denn?"

"Ab Januar bin ich offiziell die Managerin. Ich habe dir ja gesagt, dass die Besitzer Engländer sind und nicht immer in Portugal. Nun, sie haben beschlossen, ein ähnliches Projekt in Mexiko zu starten. Wir hatten vor zwei Wochen ein langes Gespräch. Da haben sie mir erzählt, dass sie sehr zufrieden mit meiner Arbeit sind und mir angeboten, das Projekt ab Januar alleine zu managen. Natürlich werden wir virtuelle Besprechungen haben, aber **im Prinzip** werde ich für alles verantwortlich sein. Ich bekomme dann **fast doppelt so viel** Gehalt und kann sogar eine Assistentin einstellen."

"Wow, das klingt ja genial!" Carla war beeindruckt. Sie hätte nicht gedacht, dass ihre eher ruhige und ständig **an sich selbst zweifelnde** Freundin sich innerhalb weniger Monate so stark verändern könnte.

"Studium **hat sich** dann also definitiv **erledigt**?", fragte sie.

Fernanda lachte. "Ja, allerdings. Selbst, wenn sie mich kündigen, sollte diese Berufserfahrung auf meinem Lebenslauf ausreichen, um einen neuen Job zu finden. Ich mache allerdings einen Marketingkurs online. Wird von einer amerikanischen Uni angeboten und dauert sechs Monate. Im Bereich Marketing muss man sich eh kontinuierlich weiterbilden."

Plötzlich **erstarrte** Carla. Zehn Meter von ihnen entfernt stand Henrik an einem Bratwurststand. Zusammen mit Dara, und er hatte den Arm um sie gelegt. Carla stand auf. Fernanda sah sie fragend an.

---

im Prinzip, basically | **fast doppelt so viel,** almost twice as much | **an sich selbst zweifeln,** to doubt oneself | **es hat sich erledigt,** it's no longer a topic | **erstarren,** to freeze, to grow stiff

"Lass uns ein Stück laufen. Mir ist kalt."

Carla lief in einem weiten Bogen um den Bratwurststand, **behielt** Henrik und Dara aber dabei **im Blick**. Fernanda folgte ihr etwas irritiert. Jetzt hatten die beiden ihre Bratwurst bekommen und waren am Essen. Carla blieb stehen.

"Siehst du den Typ dort drüben am Bratwurststand? Mit der Blondine?"

"Ja."

"Kannst du sie im Auge behalten?" Carla stellte sich so, dass Henrik sie auf keinen Fall würde sehen können. Auch nicht, wenn er in ihre Richtung schaute. "Siehst du sie?", fragte sie Fernanda.

"Ja. Wer ist das und was soll das?"

"Das ist mein Freund Henrik. Und die **Tussi** ist Dara, die Schwester von der Bulgarin, die uns bei dem Diebstahl auf Rügen geholfen hat und wegen der Henrik mich auf der Geburtstagsparty sitzen gelassen hat. Erinnerst du dich?"

"Ja, klar. **Drama hoch drei**. Wie sollte ich das vergessen? Aber hattest du nicht gesagt, dass diese Dara nicht in Berlin, sondern in Bulgarien wohnt?"

"Exakt und ich habe keine Ahnung, **was sie jetzt hier zu suchen hat**. Ich habe gestern das letzte Mal mit Henrik gesprochen und er hat mit keinem Wort **erwähnt**, dass Dara in Berlin sein würde."

---

jemanden im Blick/Auge behalten, to keep an eye on s.o. | **die Tussi,** chick (a woman you don't like) | **Drama hoch drei,** a very dramatic situation | **was sie hier zu suchen hat,** what she's doing here/why she's here | **erwähnen,** to mention

"Hm, vielleicht wusste er es da noch nicht. Im Zweifel für den **Angeklagten**, meinst du nicht?"

"Ja, vielleicht. Vielleicht wollte er es mir aber auch nicht sagen. Was machen sie?"

"Nichts Besonders. Sie sind fertig mit Bratwurst essen und unterhalten sich."

Carla **schielte um die Ecke**. In dem Moment setzten Henrik und Dara sich in Bewegung. Diesmal liefen sie normal nebeneinander her. Am U-Bahnhof Richard-Wagner-Platz nahmen sie die U7. Carla **drängte** Fernanda hinterherzulaufen.

Fernanda protestierte. "Ich habe keine Fahrkarte."

"Macht nichts, in Berlin kontrolliert niemand und falls doch, **lassen wir uns etwas einfallen**. Oder ich bezahle deine Strafe."

An der vierten Haltestelle stiegen Henrik und Dara aus.

"Iva wohnt hier um die Ecke", meinte Carla. Sie folgten Henrik und Dara **mit gebührendem Abstand**. Vor einem Haus blieben die beiden stehen und Dara holte einen Schlüssel aus der Tasche.

"Ja, da wohnt Iva."

"Also, alles ganz harmlos", meinte Fernanda.

"Lass uns warten", **bat** Carla.

---

der Angeklagte, defendant, accused | **um die Ecke schielen**, to peer around the corner | **drängen**, to urge | **sich etwas einfallen lassen**, to invent a story as an excuse | **mit gebührendem Abstand**, with sufficient distance | **sie bat**, she asked (for a favour), *bitten, sie bat, sie hat gebeten*

"Okay, aber nicht zu lange. Es ist kalt."

Sie hatten Glück. Nach etwa 30 Minuten kam Henrik wieder heraus. Allein. Carla wartete, bis er außer Sicht war und rief ihn dann an.

"Hi, Henrik. Wie geht es dir? Was machst du?"

"Habe den ganzen Tag gelernt und mache jetzt gerade einen kleinen Spaziergang. Und du? Ist Fernanda gut angekommen?"

"Ja, wir sind am Schloss Charlottenburg und wollen gleich Glühwein trinken."

"Ah, super. Da hast du es eher auf den Weihnachtsmarkt geschafft als ich. Falls Fernanda Lust hat, könnten wir ja morgen zusammen noch einen anderen Weihnachtsmarkt besuchen. Dann lerne ich sie endlich mal kennen. Was meinst du?"

"Klingt gut. Bestimmt hat sie Lust. Lass uns später noch mal besprechen, wann und wo genau wir uns treffen."

"Alles klar. Bis später."

Carla ließ das Handy sinken.

"Und?", fragte Fernanda.

"Er lügt. Er hat gesagt, dass er noch nicht auf dem Weihnachtsmarkt war und gerade einen Spaziergang macht. Und er will morgen mit uns beiden zusammen auf den Weihnachtsmarkt."

"Hm, schon merkwürdig", meinte Fernanda.

Am nächsten Tag gingen alle drei zusammen auf den Weihnachtsmarkt. Henrik erwähnte Dara mit keinem Wort, war wie immer liebevoll mit Carla und verstand sich ausgezeichnet mit Fernanda.

"Ich glaube, du machst dir zu viele Gedanken", meinte Fernanda, als sie und Carla zurückfuhren. "Der Typ ist total verliebt in dich, das sieht man sofort."

"Aber warum hat er dann gestern gelogen und auch heute nicht erwähnt, dass Dara hier ist und er sie gestern gesehen hat?"

"Keine Ahnung. Frag ihn", meinte Fernanda **achselzuckend**.

Carla schwieg eine Weile. "Ja, vielleicht sollte ich das tun", sagte sie schließlich.

---

achselzuckend, shrugging

I. Verständnisfragen

1. Fernanda
   a) bekommt ab Januar ein besseres Gehalt.
   b) hat ab Januar einen neuen Arbeitsplatz.
   c) bleibt den ganzen Dezember in Berlin.

2. Auf dem Weihnachtsmarkt
   a) trifft Carla die Bulgarinnen Iva und Carla.
   b) sieht Carla Henrik zusammen mit Iva.
   c) sieht Carla Henrik zusammen mit Dara.

3. Carla und Fernanda folgen Henrik
    a) zu Fuß
    b) mit der U-Bahn
    c) mit dem Bus

4. Als Carla Henrik anruft,
    a) erzählt er ihr von dem Treffen mit Dara.
    b) erwähnt er Dara und Iva nicht.
    c) erwähnt er nur seinen Besuch bei Iva.

5. Fernanda meint, dass
    a) Henrik total verliebt in Carla ist.
    b) Henrik in Dara verliebt ist.
    c) dass Henrik nicht die Wahrheit sagt.

II. Umgangssprachliche und idiomatische Ausdrücke

sich ankündigen–to announce one's arrival
Das ist ein Ausdruck, den du benutzen kannst, wenn jemand zu Besuch kommen will.

"Deine Mutter hat sich fürs Abendessen angekündigt. Was sollen wir kochen?"

"Er kündigt sich nie an, sondern steht einfach vor der Haustür."

es hat sich erledigt–it's no longer a topic
Wenn sich etwas erledigt hat, dann ist eine Sache oder ein Problem nicht mehr wichtig oder existent.

"Das Problem mit dem Computer hat sich durch den Neustart erledigt."

"Du brauchst die Präsentation nicht zu machen. Das Projekt hat sich erledigt."

jemanden/etwas im Blick/Auge behalten–to keep an eye on s.o.
Wenn du etwas oder jemanden im Blick oder im Auge behältst, schaust du kontinuierlich, was passiert oder was eine Person gerade macht.

"Sie behielt ihre zweijährige Tochter im Blick, während sie das Essen kochte."

"Ich muss schnell ins Bad. Kannst du bitte das Essen im Blick behalten, damit nichts anbrennt?"

die Tussi–chick (a woman you don't like)
Das Wort "Tussi" benutzen Männer und Frauen, für eine Frau, die sie nicht mögen.

"Die Tussi dort ist die neue Freundin von meinem Ex."

"Michael ist jetzt mit einer richtig blöden Tussi zusammen."

zu suchen haben–what are you doing here? why are you here?
Wenn du meinst, dass eine Person nicht an einem bestimmten Ort sein sollte, dann kannst du fragen, was sie dort zu suchen hat.
"Der Chef hat doch Urlaub. Was hat er jetzt schon wieder im Büro zu suchen?"

"Raus aus meinem Zimmer. Du hast hier nichts zu suchen."

sich etwas einfallen lassen–to invent a story as an excuse

Wenn du etwas falsch gemacht hast oder in einer Situation bist, wo du nicht sein solltest und nicht die Wahrheit sagen willst, musst du dir etwas einfallen lassen, also eine Erklärung erfinden.

"Er hat seine Hausaufgaben schon wieder nicht gemacht. Jetzt muss er sich aber etwas einfallen lassen, sonst bekommt er eine Strafe."

"Warum war sie heute nicht bei der Arbeit?" "Keine Ahnung, aber sie wird sich wohl etwas einfallen lassen. Das macht sie ja immer."

III. Konversationsfragen

1. Warst du schon einmal auf einem Weihnachtsmarkt? Wo warst du und was hast du dort gemacht und gesehen?
2. Hast du schon einmal eine Person verfolgt, weil du wissen wolltest, wohin sie geht?
3. Wie reagierst du, wenn du merkst, dass dich jemand anlügt?
4. Besuchst du oft Freunde oder Verwandte, die in anderen Städten wohnen? Wo warst du schon?

Lösungen Verständnisfragen
1a, 2c, 3b, 4b, 5a

9. Ein Jobangebot

Als Carla zurück auf ihrem Zimmer war, stellte sie fest, dass Sheila dreimal versucht hatte, sie anzurufen. Sie war erstaunt. Was konnte so **dringend** sein? Die Schriftstellerin war vor drei Tagen zu ihrer Lesereise aufgebrochen und würde erst zwei Tage vor Weihnachten zurück nach Berlin kommen. Carla rief sie an. Sheila ging sofort ans Telefon.

"Wie gut, dass du zurückrufst. Ich habe es ein paarmal bei dir versucht."

"Ja, das habe ich gesehen. Wir waren auf dem Weihnachtsmarkt und ich habe nicht gemerkt, dass du angerufen hast. Was ist los? Ist etwas passiert?"

"Das kann man so sagen. Carina ist **ausgerutscht** und hat **sich den Fuß verstaucht**, d.h. sie fällt für den Rest der Reise aus und wir haben noch drei Wochen vor uns."

Carina war Sheilas persönliche Assistentin, wenn sie Lesereisen machte. Carla hatte sie kurz kennengelernt und Sheila hatte ihr erklärt, dass sie auf ihren Lesereisen jemanden brauchte, der ihr kleinere administrative Aufgaben abnahm und einfach da war. Niemand vom **Verlag**. Carina war eigentlich schon in Rente, aber sie begleitete Sheila gerne und die beiden Frauen verstanden sich ausgezeichnet.

"Oje. Und nun?", fragte Carla.

Sheila kam direkt zum Punkt: "Ich würde dich gerne als Ersatz für Carina **einstellen**. Ich bin aktuell in Köln und habe hier morgen Abend eine Lesung. Wir können alle Zimmerreservierungen von Carina auf deinen Namen ändern. Wenn du gleich morgen früh einen Zug nimmst, bist du am Nachmittag hier. Was meinst du?"

---

dringend, urgent | ausrutschen, to slip | sich den Fuß verstauchen, to sprain one's ankle | der Verlag, publisher | jemanden einstellen, to hire s.o.

Carla war erst einmal sprachlos.

"Sheila, gib mir eine Stunde, bitte. Ich rufe dich nochmal an. Ist das okay?"

"Ja, klar. Ich weiß, dass das etwas plötzlich war. Denk drüber nach und melde dich. Ich warte."

Carla rief Fernanda an und erzählte ihr von Sheilas Angebot. Ihre Freundin war begeistert.

"Na klar machst du das", meinte sie.

"Aber dann sehe ich dich gar nicht mehr."

"Werde ich überleben", lachte Fernanda. "Du kannst drei Wochen durch Deutschland reisen und dir ansehen, wie es sich so als berühmte Schriftstellerin lebt. Besser geht es doch gar nicht. Und dann denkst du auch nicht so viel über Henrik nach. Hast du es ihm schon erzählt?"

"Nein, ich wollte erst dich anrufen. Und du hast natürlich recht. Ich mache es. Auch, um aus Berlin herauszukommen. Danke, Fernanda. Du hast mir echt bei der Entscheidung geholfen."

"Gerne doch. Für sowas sind beste Freundinnen schließlich da. Gute Fahrt morgen und lass von dir hören."

"Mache ich."

Carla atmete tief ein und wählte dann Henriks Nummer. Sie ließ es lange klingeln, aber er ging nicht ran. Sie spürte, wie sich wieder dieser **Zweifel in ihr breit** machte. **Hatte er doch etwas mit Dara?** War er vielleicht jetzt gerade mit ihr zusammen?

---

ein Zweifel macht sich breit, a doubt is growing | **etwas mit jemandem haben,** to have an affair with s.o.

Nein, sie wollte sich nicht länger davon beeinflussen lassen. Entschlossen öffnete Carla den WhatsApp-Chat und schrieb Henrik eine Nachricht, in der sie kurz erklärte, dass sie Sheila auf der Lesereise begleiten und erst zu Weihnachten wieder in Berlin sein würde. Danach rief sie Sheila an, um ihr zu sagen, dass sie ihr Angebot annehmen würde. Die Irin freute sich riesig und gab ihr die Adresse des Hotels in Köln.

Carla wollte am nächsten Morgen so früh wie möglich losfahren, packte daher ihre Sachen und lag um 23 Uhr im Bett. Sie hatte gerade das Licht ausgemacht, als ihr Handy vibrierte. Sie schaute auf das Display. Henrik.

"Hallo, Henrik."

"Ich habe deine Nachricht gelesen. Was ist passiert? Heute Nachmittag hast du nichts davon erwähnt, dass du eventuell Sheila **begleiten** würdest."

"Da wusste ich es auch noch nicht. Sheilas Assistentin hatte einen Unfall und **fällt aus**. Für mich ist es eine **einmalige Gelegenheit**."

"Ja klar, das sehe ich genauso. Wann fährst du nach Köln? Sollen wir vorher frühstücken gehen?"

"Du, tut mir leid, mein Zug fährt schon um halb acht." Carla hatte plötzlich ein etwas schlechtes Gewissen.

"Uff, das ist früh. Egal, ich komme auf jeden Fall zum Bahnhof. Für einen Coffee to go sollte es reichen."

"Das ist lieb von dir."

---

begleiten, to accompany | **sie fällt aus,** she can't work | **eine einmalige Gelegenheit,** a unique opportunity

"Reiner Egoismus. Sonst sehe ich meine Lieblingsportugiesin ja erst wieder Weihnachten. Um sieben Uhr morgen? Schaffst du das?"

"Ja. Danke. Freue mich."

Am nächsten Morgen wartete Henrik wie vereinbart pünktlich um sieben Uhr am Bahnhof. Sie holten sich einen Kaffee und stellten sich an einen Stehtisch.

"Hast du eigentlich Iva in letzter Zeit mal gesehen?", fragte Carla plötzlich. Sie hatte das nicht geplant.

"Nein, wieso?", wollte Henrik wissen.

"Ach, nur so. Ich hatte mich die ganze Zeit mal wieder mit ihr verabreden wollen, aber es kam immer etwas dazwischen."

"Nach Weihnachten wird alles ruhiger. Vielleicht können wir zusammen Silvester feiern."

"Ich glaube, Iva hat genauso wenig Lust auf eine Silvesterfeier wie auf ihre Geburtstagsfeier", meinte Carla.

"Da hast du wohl recht."

Henrik schaute auf die Uhr.

"In zehn Minuten fährt dein Zug. Lass uns zum Bahnsteig gehen."

Der Zug war ausnahmsweise pünktlich. Henrik hatte Carla mit einer Umarmung und einem innigen Kuss verabschiedet, aber sie fragte sich während der ganzen Fahrt, warum zum Teufel er gesagt hatte, dass er Iva lange nicht gesehen hatte, obwohl er vor zwei Tagen mit Dara in ihrer Wohnung gewesen war. Irgendwas stimmte nicht.

Konnte es sein, dass es Henrik einfach gefiel, mit zwei Frauen zusammen zu sein? Was hatte er dann Dara erzählt? Dass er sich von ihr, Carla, getrennt hatte? Nein, irgendwie glaubte Carla das nicht, sondern vermutete eher, dass es Dara egal war, was Henrik machte, wenn sie in Bulgarien war. Oder wenn sie in Berlin anderweitig beschäftigt war. Carla überlegte, ob sie vielleicht einfach nicht cool genug war. Henrik war ein Schatz. Was machte es schon aus, wenn er ab und zu mit einer anderen Frau **ins Bett stieg**. Aber war es wirklich cool, das zu akzeptieren? Waren Berlinerinnen so? Oder Osteuropäerinnen? Und war es intelligent, Henrik jetzt drei Wochen alleine in Berlin zu lassen? Sie wusste noch nicht einmal, ob Dara noch dort war.

Carla schaffte es während der ganzen Zugfahrt nicht, ihr **Gedankenkarussell** zu stoppen und war froh, als sie endlich in Köln ankam. Sie nahm ein Taxi zu dem Hotel, dessen Adresse Sheila ihr genannt hatte, checkte ein und schickte Sheila dann eine Nachricht.

---

mit jemandem ins Bett steigen, to have sex with s.o. | **das Gedankenkarussell,** mental chatter

I. Verständnisfragen

1. Sheila möchte, dass Carla sie auf ihrer Lesereise begleitet,
   a) damit sie nicht alleine ist.
   b) weil ihre Assistentin einen Unfall hatte.
   c) weil ihre Assistentin gekündigt hat.

2. Fernanda rät Carla,
   a) Sheilas Angebot zu akzeptieren.
   b) Sheilas Angebot nicht zu akzeptieren.
   c) erst einmal in Ruhe nachzudenken.

3. Carla nimmt Sheilas Angebot an,

    a) nachdem sie mit Henrik gesprochen hat.

    b) obwohl sie Henrik nicht erreichen kann.

    c) obwohl Henrik nicht glücklich darüber ist.

4. Bevor Carla nach Köln fährt,

    a) trifft sie sich mit Henrik am Bahnhof.

    b) telefoniert sie lange mit Henrik.

    c) bittet sie Henrik, nicht sauer auf sie zu sein.

II. Umgangssprachliche und idiomatische Ausdrücke

ein Zweifel macht sich breit–a doubt is growing

"sich breit machen" bedeutet, dass etwas viel Platz braucht. Das kannst du auch zu einem Menschen sagen:

"Mach dich nicht so breit, ich will auch auf dem Sofa sitzen."

Wenn sich ein Zweifel breitmacht, dann braucht dieser viel Platz in deinem Kopf.

etwas mit jemandem haben–to have an affair with s.o.

Wenn du etwas mit jemandem hast, dann bedeutet das eine Beziehung, die noch nicht offiziell ist oder einer der Partner ist eigentlich mit einer anderen Person zusammen oder sogar verheiratet.

"Ich glaube, Sascha und Melanie haben etwas miteinander. Sie verbringen in letzter Zeit sehr viel Zeit zusammen."

"Was meinst du, hat Maria etwas mit dem Chef? Wenn seine Frau das herausfindet, gibt es Stress."

sie fällt aus–she can't work
"ausfallen" bedeutet oft "to cancel": "Der Flug ist ausgefallen." Wenn man es mit einer Person benutzt, bedeutet es, dass diese eine bestimmte Aufgabe oder Arbeit nicht machen kann, weil sie krank ist oder ein anderes Problem hat.

"Wir brauchen einen neuen Moderator für die Besprechung. Michael fällt aus, er hat eine Grippe."

"Ursula hatte einen Unfall und fällt daher bis Ende des Jahres aus."

mit jemandem ins Bett/in die Kiste steigen–to have sex with s.o.
Wenn du mit jemandem ins Bett oder in die Kiste steigst, bedeutet das meistens, dass du unverbindlich (without commitment) Sex mit jemandem hast.

"Seit Rolf geschieden ist, steigt er jede Woche mit einer anderen Frau ins Bett."

das Gedankenkarussel–mental chatter
Gedankenkarussel bedeutet, dass du immer wieder über das gleiche nachdenkst und versuchst, eine Lösung zu finden.

III. Konversationsfragen

1. Wann hattest du das letzte Mal bei einer Sache Zweifel?
2. Was kann man machen, um ein Gedankenkarussel zu beenden?
3. Hast du schon einmal ein unerwartetes Jobangebot bekommen?
4. Fährst du gerne mit dem Zug? Wohin bist du schon mit dem Zug gefahren? Was machst du während einer Zugfahrt?

Lösungen Verständnisfragen
1b, 2a, 3b, 4b

10. München

Vor der Lesung in Köln setzten Sheila und Carla sich kurz zusammen und **besprachen alle**s. Sheila erklärte Carla, dass sie ein Sozialprojekt in Uganda unterstützte und die Lesereisen zum **Spendensammeln** nutzte. Nach jeder Lesung gebe es ein gemeinsames Abendessen im Restaurant für maximal zehn Personen. Diese müssten für die Teilnahme einen **Mindestbetrag** von €200 zahlen.

"An diesen Abendessen nehmen zumeist etwas bekanntere Persönlichkeiten **aus der jeweiligen Stadt** teil, deshalb ist es wichtig, auch die Presse einzuladen. Die Teilnehmer möchten gerne, dass über sie berichtet wird. Ich natürlich auch. Gut für mich und meine Bücher und für das Projekt in Uganda. Carina hat schon für die ganze Reise Einladungen an potenzielle Teilnehmer und **Pressemitteilungen** verschickt. Bei einigen müsstest du noch einmal **nachhaken**. Es sollten auf jeden Fall zehn Teilnehmer pro Abend sein. Ein oder zwei mehr ist okay, aber nicht weniger. Und Journalisten von mindestens zwei Zeitungen oder auch Online-Portalen. Ich habe dir alle Informationen gemailt. Hast du alles bekommen?"

"Ja, alles da", **bestätigte** Carla.

"Super. Versuch, dich so gut wie möglich über das Projekt in Uganda **einzulesen**. Die Leute haben zwar auch Informationen bekommen, aber **erfahrungsgemäß** stellen sie weitere Fragen. Mit den Journalisten spreche ich, damit hast du nichts zu tun. Beim Abendessen sitzen wir beide getrennt voneinander. Ich werde dich als meine Assistentin vorstellen, so dass die Teilnehmer wissen, dass sie dir auch Fragen stellen können."

---

alles besprechen, to discuss everything, *sie besprachen, sie haben besprochen* | **das Spendensammeln,** to collect donations | **der Mindestbetrag,** minimum fee | **aus der jeweiligen Stadt,** from the respective city | **die Pressemitteilung,** press release | **nachhaken,** to follow up | **bestätigen,** to confirm | **sich einlesen,** to read and memorize | **erfahrungsgemäß,** from experience

"Okay, ich werde **mir Mühe geben**."

"Du schaffst das", lächelte Sheila.

Insgesamt standen noch neun Städte auf dem Programm und Carla stellte schnell fest, dass diese Lesereise kein Urlaub war. Neben der Arbeit für Sheila unterrichtete sie weiterhin zwei Stunden Portugiesisch pro Tag. Mit Henrik telefonierte oder chattete sie fast täglich, hatte sich aber entschieden, das Thema Dara nicht anzusprechen. Sie hatte einfach keine Zeit und auch keine Lust auf weiteres Gefühlschaos.

Am 18. Dezember waren sie in München. Carla freute sich. In München hatte sie den Sommer verbracht und hier wohnte ihre Freundin und ehemalige Sprachpartnerin Susanne. Die beiden hatten sich seit September nicht gesehen und der Kontakt war etwas eingeschlafen, aber als Carla Susanne gesagt hatte, dass sie zwei Tage in München wäre, hatte diese sofort vorgeschlagen, sich nachmittags auf einen Kaffee zu treffen.

"Und, was gibt es Neues bei dir?", fragte Carla.

"Nicht viel, fürchte ich. Lernen, lernen, lernen, was Medizinstudenten halt so machen."

"Keine neue Liebe?"

"Nach **der Pleite** mit Alex? Nein, danke. Für Beziehungen **habe** ich momentan einfach nicht **den Kopf**."

---

sich Mühe geben, to make an effort | **die Pleite,** failure | **den Kopf für etwas haben,** to be in the mood for sth

Susanne war kurz mit einem jungen Assistenzarzt zusammen gewesen, aber in ihrem ersten gemeinsamen Urlaub war es zu einem heftigen Streit gekommen und die beiden hatten sich getrennt.

"Und bei dir? Alles okay mit Henrik, obwohl ihr jetzt doch nicht zusammenwohnt?"

Carla **wurde bewusst,** dass sie Susanne nichts von Dara und ihren Zweifel bezüglich ihrer Beziehung mit Henrik erzählt hatte. Sie zögerte kurz und meinte schließlich: "Ja, alles okay. Er ist auch sehr beschäftigt an der Uni und ich habe jetzt diesen Job bei Sheila. Über Weihnachten und Silvester werden wir mehr Zeit haben, denke ich. Dann können wir noch einmal das Thema Wohnung diskutieren. Um ehrlich zu sein, finde ich Berlin ziemlich chaotisch und bin mir nicht sicher, ob ich dort längere Zeit leben möchte. München gefällt mir besser."

Susanne lachte. "Das kann ich verstehen. Für mich wäre Berlin nichts. Schon allein von der Umgebung her finde ich München und Bayern einfach schöner. Die Küste ist zwar auch toll, aber ich mag Meer und Strand lieber bei etwas höheren Temperaturen. Dieser ständige Wind an der Nord- und Ostsee **ist nicht so mein Fall.**"

"Portugal ist teilweise auch windig, aber halt viel wärmer. Naja, schauen wir mal."

Carla schaute auf die Uhr.

"Upps, ich muss gehen, es gibt noch einiges vorzubereiten und Sheila wollte noch einmal mit mir sprechen."

"Kein Problem. War auf jeden Fall super, dich mal wieder zu sehen."

---

ihr wurde bewusst, she became aware | **Das ist nicht so mein Fall,** I don't really like it

Die beiden Frauen umarmten sich und verließen das Café.

Die Veranstaltung am Abend war etwas größer, sowohl vom Saal her, in dem die Lesung stattfand, als auch vom nachfolgenden Abendessen, an dem **ausnahmsweise** sechzehn Personen teilnahmen. Es waren einige Lokalpolitiker und Manager großer Unternehmen anwesend. Wie immer hatte Carla sich die Lebensläufe aller **Anwesenden** gut durchgelesen.

Der junge Mann, der sie plötzlich ansprach und fragte, ob Sheila am heutigen Abend auch Exemplare ihrer **bisher veröffentlichten Romane** mitgebracht hatte, stand aber definitiv nicht auf der Liste. Carla war sich absolut sicher, weil der jüngste Teilnehmer laut Liste 38 Jahre und zudem eine Frau war. Dieser Mann war aber höchstens Mitte 20.

"Entschuldigen Sie, aber darf ich fragen, wer Sie sind?"

Der junge Mann lachte.

"Mein Name ist Andreas von Blankenburg. Bezahlt hat das hier Hermann von Blankenburg, das ist mein Großvater. Teilnehmen sollte eigentlich meine **literaturbegeisterte** Mutter, aber es kam eine Flasche Wodka dazwischen. Zufällig lag die Eintrittskarte mitsamt der Informationen auf dem Tisch, und da ich Krimis mag und nichts Besseres zu tun hatte, dachte ich mir, ich **schau mal rein.** Meine Mutter wird vor morgen Mittag eh nicht **ansprechbar sein.** Ich hatte **befürchtet**, hier nur langweilige **Krawattenträger** anzutreffen und bin daher überaus erfreut, die Bekanntschaft einer charmanten jungen Dame machen zu dürfen."

---

ausnahmsweise, as an exception | der Anwesende, attendee | bisher veröffentliche Romane, previously published novels | literaturbegeistert, enthusiastic about literature | mal reinschauen, to take a look | ansprechbar sein, to be approachable | befürchten, to fear | der Krawattenträger, person wearing a tie

Andreas von Blankenburg schenkte Carla ein strahlendes Lächeln. Er war wirklich attraktiv. Trotz der Jahreszeit **braun gebrannt** mit fast schulterlangen dunkelbraunen Haaren und haselnussbraunen Augen. Nicht besonders groß, maximal 1,75 m. Ganz anders als Henrik.

"Ich bin Carla Santos, Sheila MacGregors Assistentin", erklärte Carla.

"Netter Akzent. Woher kommst du?"

"Aus Portugal, aber ich wohne momentan in Berlin."

"Magst du Berlin? Du passt mehr nach München, finde ich."

Carla war unsicher, ob sie Andreas von Blankenburg auch duzen sollte. Er war nicht viel älter als sie, wirkte aber sehr **weltmännisch**. Sie erinnerte sich an die Informationen über seinen Großvater. Alter **Geldadel**, Kunstsammler, Besitzer von einer von Münchens exklusivsten Galerien.

"Ich habe den Sommer in München verbracht und tatsächlich gefällt mir Berlin nicht so gut."

"Tja, den **Fehler begehen** alle. Denken, dass Berlin das Optimum ist, aber tatsächlich ist es ein unorganisiertes Chaos."

Carla musste lachen. "Da haben Sie wohl recht."

"München ist zwar formeller als Berlin, aber vielleicht kannst du dich dazu **durchringen**, mich Andreas zu nennen und zu duzen."

---

braun gebrannt, tanned | **weltmännisch sein,** to have experience of life | **der Geldadel,** money nobility | **einen Fehler begehen,** to make a mistake | **sich zu etwas durchringen,** to bring oneself to do sth.

Carla spürte, dass sie rot wurde. "Ja, natürlich. Entschuldigung. Also, ich meine, es ist halt Arbeit für mich."

"Klar, schon verstanden, aber offiziell bin ich ja gar nicht hier."

"Stimmt auch wieder."

"Bist du morgen noch in München und hast Lust auf ein Glas Wein?"

Carla schüttelte den Kopf. "Leider fahren wir morgen vormittag schon weiter."

"Schade. Hier ist meine Karte. Melde dich. Die Telefonnummer ist auch für WhatsApp."

Andreas reichte ihr eine Visitenkarte.

"Danke."

Einer der anderen Gäste sprach Carla an. Als sie mit ihm fertig war und sich umschaute, war Andreas verschwunden.

Später im Hotelzimmer schaute Carla sich die Visitenkarte genauer an und stellte fest, dass die Familie von Blankenburg sogar ein eigenes **Wappen** hatte. Wow. Unter Andreas Namen stand "Experte für **Kryptowährungen**". Das klang modern und war ein Thema, von dem Carla keine Ahnung hatte. Sie überlegte, ob sie Andreas eine Nachricht schicken sollte, entschied sich aber dagegen. Er war nett gewesen, aber es war offensichtlich, dass sie aus zwei verschiedenen Welten kamen.

---

das Wappen, coat of arms | **die Kryptowährung,** crypto currency

I. Verständnisfragen

1. Sheila organisiert nach jeder Lesung ein Abendessen, um
 a) Spenden für ein Sozialprojekt zu sammeln.
 b) sich mit ihren Sponsoren zu treffen.
 c) mehr Bücher verkaufen zu können.

2 . In München
 a) trifft Carla sich mit Mitbewohnern aus ihrer ehemaligen WG.
 b) besucht Carla ihre ehemaligen Arbeitskollegen im Museum.
 c) trifft Carla sich mit ihrer Sprachpartnerin Susanne.

3. Susanne
 a) kennt die Probleme von Carla und Henrik.
 b) kennt die Probleme von Carla und Henrik nicht.
 c) ist überrascht, als Carla ihr von ihren Problemen mit Henrik erzählt.

4. Carla
 a) mag München lieber als Berlin.
 b) mag Berlin lieber als München.
 c) weiß nicht, welche Stadt sie lieber mag.

5. Nach der Lesung
 a) hat Carla Stress mit einem der Teilnehmer.
 b) lernt Carla einen netten jungen Mann kennen.
 c) lernt Carla eine adlige Familie kennen.

6. Im Hotel beschließt Carla,
 a) sich am nächsten Tag mit Andreas zu treffen.

b) sich nicht bei Andreas zu melden.

c) sich nach der Lesereise bei Andreas zu melden.

II. Umgangssprachliche und idiomatische Ausdrücke

nachhaken–to follow up

Wenn du bei einem Thema nachhakst, möchtest du mehr oder detailliertere Informationen haben oder du hast etwas nicht verstanden.

"Können Sie bei Frau Meier nachhaken? Sie soll bitte alle Informationen in einer Tabelle zusammenfassen."

"Sebastian hakte nach, weil er nicht glauben konnte, dass Ina sich wirklich von Michael getrennt hatte."

sich einlesen–to read and memorize

Wenn du dich in ein Thema einliest, dann möchtest du soviel wie möglich zu diesem Thema wissen. Vielleicht brauchst du es für die Arbeit oder für eine Hausarbeit an der Uni oder vielleicht bist du einfach nur neugierig.

"Nachdem Klaus sich zwei Wochen lang in das Thema *Umweltschutz am Arbeitsplatz* eingelesen hatte, bereitete er seine Präsentation vor."

"Tut mir leid, zu diesem Punkt weiß ich nicht viel, da muss ich mich erst einlesen."

nicht den Kopf für etwas haben–not be in the right mood for sth.

Wenn du nicht den Kopf für etwas hast, dann hast du keine Zeit und Lust, etwas Bestimmtes zu tun.

"Lass uns morgen ins Kino gehen. Ich muss noch soviel lernen und habe jetzt echt nicht den Kopf dafür."

"Ich habe Stress im Büro und jetzt wirklich nicht den Kopf dafür, unseren Urlaub zu planen. Tut mir leid."

Das ist nicht so mein Fall.–I don't really like it.
Wenn etwas nicht dein Fall ist, dann magst du es nicht.

"Bergsteigen ist nicht so mein Fall, ich mache lieber Urlaub am Strand."

"Mathe ist nicht so mein Fall, damit hatte ich schon in der Schule Probleme."

nicht ansprechbar sein–not be approachable
Ein Ansprechpartner ist einfach eine Kontaktperson. "ansprechbar" wird eher umgangssprachlich und negativ benutzt und bedeutet, dass eine Person gerade keine Zeit oder Lust hat, mit jemandem zu sprechen.

"Morgen habe ich den ganzen Vormittag Videokonferenzen, da bin ich nicht ansprechbar."

"Lass Carsten lieber in Ruhe. Seit seine Frau ihn verlassen hat, ist er nicht ansprechbar und hat immer schlechte Laune."

weltmännisch sein–to have experience of life
Wenn du weltmännisch bist, bist du "ein Mann von Welt", d.h. du hast schon viel von der Welt gesehen und viele Erfahrungen gemacht. Man kann diesen Ausdruck auch für Frauen benutzen.

"Sie hatte ein weltmännisches Auftreten."

"Nach seiner Weltreise wirkte er viel weltmännischer."

sich zu etwas durchringen–to bring oneself to do sth.
Wenn du dich zu etwas durchringst, triffst du eine Entscheidung, die dir schwerfällt oder nicht gefällt.

"Sie konnte sich nicht dazu durchringen, ihre Mutter anzurufen, da diese ihr sicherlich Vorwürfe (reproaches) machen würde."

"Nachdem er sich dazu durchgerungen hatte, den schlecht bezahlten Job zu kündigen, ging es ihm viel besser."

III. Konversationsfragen

1. In welches Thema würdest du dich gerne einlesen?
2. Welche Aktivitäten sind nicht so dein Fall?
3. Wann warst du das letzte Mal nicht ansprechbar? Warum nicht?
4. Wann hast du dich das Mal zu etwas durchgerungen? Worum ging es?
5. Hast du schon einmal ein Sozialprojekt unterstützt?
6. Wie hältst du Kontakt zu Freunden, die nicht in der gleichen Stadt wohnen?

Lösungen Verständnisfragen
1a, 2c, 3b, 4a, 5b, 6b

11. Post aus München

Vier Tage später war die letzte Lesung in Leipzig. Sowohl Sheila als auch Carla waren etwas **erschöpft** und freuten sich, am nächsten Tag nach Berlin zurückfahren zu können. Sheila würde nach Weihnachten mit ihrem Mann in einen von ihm geplanten Überraschungsurlaub fahren und Carla wusste, dass sie die Zeit nutzen musste, um eine Entscheidung **bezüglich ihrer Zukunft** zu treffen. Sie und Henrik sprachen zwar oft miteinander, aber Carla merkte, dass sie sich emotional von ihm entfernt hatte. Zwar freute sie sich darauf, ihn wiederzusehen, aber gleichzeitig hatte sie ein bisschen Angst, denn ihre Entscheidung würde auch Henrik betreffen müssen.

Wie immer trafen Sheila und Carla anderthalb Stunden vor Beginn der Lesung am Veranstaltungsort ein, um alles zu kontrollieren und **sich mit den Örtlichkeiten vertraut zu machen.** Eine junge Frau kam auf sie zu.

"Hier ist ein Päckchen für eine Carla Santos, Team Sheila MacGregor."

"Das bin ich."

Carla nahm das Päckchen entgegen. Kein Absender.

"Hast du **einen heimlichen Verehrer?**", grinste Sheila.

"Keine Ahnung."

"Nun, mach schon auf."

---

erschöpft, exhausted | **bezüglich ihrer Zukunft,** regarding her future | **sich mit den Örtlichkeiten vertraut machen,** to make oneself familiar with the place | **ein heimlicher Verehrer,** a secret admirer |

Zögernd öffnete Carla das Päckchen. **Zum Vorschein kamen eine Schachtel** teuer aussehender **Pralinen**, ein Paar Handschuhe und ein Umschlag, in dem eine Karte steckte.

Liebe Carla,

*ich bin schwer enttäuscht, dass du dich nicht gemeldet hast. Durch harte Recherchearbeit habe ich herausgefunden, dass ihr heute in Leipzig seid und schicke dir ein kleines Weihnachtsgeschenk. Vielleicht findest du Handschuhe nicht sehr originell, aber deutsche Winter sind kalt und diese Handschuhe sind speziell. Meine Schwester **strickt** jeden Monat ein Paar Handschuhe (das ist so ein Tick von ihr, Socken stricken findet sie langweilig) und ich darf (oder muss) für drei Paar einen **Empfänger** aussuchen. Sie sind aber wirklich gut, ich habe selber mehrere Paare. Naja, und die Pralinen, du weißt schon, alle Frauen mögen Süßigkeiten. Ich gehe davon aus, dass du **gut erzogen** bist und dich bei mir bedanken möchtest und ich dann endlich an deine Telefonnummer komme.*

Beste Grüße aus München,
Andreas

Sheila hatte indiskret mitgelesen.

"Wer ist das? Was hast du in München angestellt, wovon ich nichts mitgekriegt habe? Und was ist das für ein Typ? Schreibt irgendwie ein bisschen seltsam."

Carla erzählte Sheila von dem kurzen Gespräch mit Andreas und zeigte ihr seine Visitenkarte.

---

zum Vorschein kommen, to appear | **die Schachtel Pralinen,** box of filled chocolates | **stricken,** to knit | **der Empfänger,**recipient | **gut erzogen sein,** to have good manners

"Wow, da hast du aber einen **dicken Fisch an der Angel**", rief Sheila, als sie die Visitenkarte in Augenschein genommen hatte.

"Wie meinst du das?"

"Die von Blankenburgs sind eine der reichsten Familien Deutschlands. Alter Geldadel."

"Ja, das habe ich in den Informationen über die Münchner Teilnehmer gelesen. Richtig reich, meinst du?"

"Oh ja, richtig reich, aber auch viele Probleme. Lass mich überlegen. Also, Hermann von Blankenburg ist der Patriarch. Mittlerweile über 70. Ist nicht das erste Mal, dass er eine Karte für eines meiner Abendessen gekauft hat, aber selber gekommen ist er nie. Seine Schwiegertochter Heidrun war mal da, glaube ich."

"Andreas' Mutter?"

"Ja, genau. Sie hat Alkoholprobleme und auch Depressionen, soweit ich weiß. War schon mehrfach in psychiatrischen Kliniken. Ihr Mann hat seit Jahren eine Geliebte, **lässt sich** aber nicht **scheiden**. Irgendeine Schauspielerin, mir fällt der Name nicht ein. Es gibt noch einen zweiten Sohn, der ist meist mit dem Segelboot in der Karibik unterwegs und **macht einen auf** Playboy. Arbeiten müssen die ja alle nicht. High Society halt."

"Auf Andreas' Visitenkarte steht 'Experte für Kryptowährungen'. Was weißt du denn über ihn?"

---

ein dicker Fisch, a rich person | **jemanden an der Angel haben,** have met s.o. who might be useful | **sich scheiden lassen,** to get divorced | **einen machen auf,** to pretend, to behave as if

"Hm, nichts. Er und seine Schwester sind bisher nicht viel in Erscheinung getreten. Die sind ja noch sehr jung. Hast du denn nicht gegoogelt?"

"Äh, nein. Für mich war das Thema nach unserer Abreise aus München eigentlich erledigt."

"Dann hat der junge Mann auf dich offensichtlich keinen so starken Eindruck hinterlassen wie du auf ihn", lachte Sheila. "Lass uns trotzdem kurz googeln."

Die Suche ergab jedoch nicht viel. Andreas von Blankenburg war 22 Jahre alt und seine Schwester war sein **Zwilling**. Dazu einige Fotos, die auf diversen Veranstaltungen gemacht worden waren. Das war alles.

Seine Eltern, sein Onkel und sein Großvater hatten hingegen eigene Wikipedia-Seiten. Ebenso der Urgroßvater, der offensichtlich in Geschäfte mit den Nazis **verwickelt** gewesen war, es aber geschafft hatte, **unbeschadet** den **Übergang** ins **Nachkriegsdeutschland** zu schaffen.

"Die haben einige **Leichen im Keller**", grinste Sheila. "Aber das ist normal bei Leuten, die mit Millionen jonglieren und gerade im Kunstgeschäft läuft vieles so im grauen Bereich. Wie auch immer, schreib dem jungen Mann eine nette Nachricht und schaue mal, wie es sich entwickelt."

"Du, ich bin immer noch mit Henrik zusammen."

---

der **Zwilling,** twin | **verwickelt sein,** to be involved | **unbeschadet,** undamaged | der **Übergang,** transition | **Nachkriegsdeutschland,** post-war Germany | **Leichen im Keller haben,** have skeletons in the closet, *die Leiche, corpse*

"Das weiß ich. Ich habe ja auch nicht gesagt, dass du mit dem Typen in die Kiste steigen sollst. Aber jemanden aus diesen Kreisen zu kennen, kann von Vorteil sein. Gerade, falls du dich entscheidest, es als Schriftstellerin versuchen zu wollen."

"Okay. Aber ich will niemanden **ausnutzen**."

"Darum geht es gar nicht. Das Zauberwort heißt Networking. Er hat dir eine nette Nachricht geschrieben und du gibst ihm als Dank deine Telefonnummer und schreibst etwas Nettes zurück."

Genau das machte Carla, als sie nach dem Abendessen wieder in ihrem Hotelzimmer war.

Hallo Andreas! Hier ist Carla. Die Überraschung mit dem Päckchen ist dir gelungen. Vielen Dank. Auch an deine Schwester. Die Handschuhe passen perfekt und sind wirklich schön warm und bequem. Tja, und nun hast du wie gewünscht meine Telefonnummer :-).

Kaum zwei Minuten nach dem Abschicken der Nachricht klingelte Carlas Handy.

Es war Andreas an der Stimme anzuhören, dass er sich wirklich freute. Carla wollte nicht neugierig nach seiner Familie fragen, sondern erkundigte sich stattdessen, was es mit den Kryptowährungen auf sich hatte. Sie meinte, dass sie nicht viel Ahnung von dem Thema hätte, es sie aber interessieren würde. Damit hatte sie bei Andreas **den richtigen Nerv getroffen**. Sie sprachen fast eine Stunde über Krypto und wie man damit Geld verdienen konnte.

---

jemanden ausnutzen, to take advantage of s.o. | **den richtigen Nerv treffen,** start talking about a good topic

Genau das machte Carla, als sie nach dem Abendessen wieder in ihrem Hotelzimmer war.

Hallo Andreas! Hier ist Carla. Die Überraschung mit dem Päckchen ist dir gelungen. Vielen Dank. Auch an deine Schwester. Die Handschuhe passen perfekt und sind wirklich schön warm und bequem. Tja, und nun hast du wie gewünscht meine Telefonnummer :-).

Kaum zwei Minuten nach dem Abschicken der Nachricht klingelte Carlas Handy.

Es war Andreas an der Stimme anzuhören, dass er sich wirklich freute. Carla wollte nicht neugierig nach seiner Familie fragen, sondern erkundigte sich stattdessen, was es mit den Kryptowährungen auf sich hatte. Sie meinte, dass sie nicht viel Ahnung von dem Thema hätte, es sie aber interessieren würde. Damit hatte sie bei Andreas **den richtigen Nerv getroffen.** Sie sprachen fast eine Stunde über Krypto und wie man damit Geld verdienen konnte.

Als sie das Gespräch beendeten, war es nach Mitternacht. Andreas versprach, sich nach Weihnachten zu melden. Carla hatte Henrik mit keinem Wort erwähnt und fragte sich kurz, ob sie jetzt diejenige war, der man nicht mehr vertrauen konnte.

I. Verständnisfragen

1. In Leipzig bekommt Carla ein Päckchen von
    a) ihrer besten Freundin Fernanda.
    b) ihrem Freund Henrik.
    c) Andreas, ihrer Bekanntschaft aus München.

2. Sheila erklärt Carla, dass
    a) die Familie von Blankenburg sehr reich ist.
    b) Andreas' Eltern in der Karibik leben.
    c) Andreas' Großvater eine große Firma besitzt.

3. Andreas und seine Schwester
    a) sind nicht sehr bekannt.
    b) gehen oft auf Partys und zu großen Veranstaltungen.
    c) verstehen sich nicht gut.

4. Während der NS-Zeit
    a) war die Familie von Blankenburg im Ausland.
    b) hat die Familie von Blankenburg Hitler bekämpft.
    c) hat die Familie von Blankenburg Geschäfte mit den Nazis gemacht.

5. Sheila meint, dass Carla
    a) Andreas ignorieren sollte.
    b) Andreas anrufen sollte.
    c) Andreas eine Nachricht schreiben sollte.

6. Carla telefoniert mit Andreas und
    a) erzählt ihm, dass sie einen Freund hat.
    b) spricht mit ihm über Kryptowährungen.
    c) spricht mit ihm über seine Familie.

II. Umgangssprachliche und idiomatische Ausdrücke

sich mit den Örtlichkeiten vertraut machen–to make oneself familiar with the place
Wenn du an einen neuen Ort kommst und schaust, wo alles Wichtige ist, dann machst du dich mit den Örtlichkeiten vertraut.

"Nach dem Umzug habe ich erst einmal einen langen Spaziergang durch unseren Stadtteil gemacht, um mich mit den Örtlichkeiten vertraut zu machen."

zum Vorschein kommen–to appear
"zum Vorschein kommen" benutzt man meistens, wenn etwas überraschend oder nach langem Suchen auftaucht. Man kann es auch für Personen benutzen.

"Nachdem Silvia schon den halben Schreibtisch durchsucht hatte, kam endlich ihre Geburtsurkunde in einem Stapel anderer Dokumente zum Vorschein."

"Wenn Sebastian nicht bald zum Vorschein kommt, essen wir alleine."

einen dicken Fisch an der Angel haben–to have met a rich person who might be useful
Diesen Ausdruck für eine Person mit viel Geld kann man scherzhaft (in a funny way) oder im negativen Sinn benutzen.
"Angela ist jetzt mit Matthias zusammen. Da hat sie einen dicken Fisch an der Angel."

einen machen auf–to pretend, to behave as if

Diesen Ausdruck kannst du benutzen, wenn dir das Verhalten einer Person nicht gefällt oder es für dich nicht ehrlich ist.

"Sonja macht einen auf unschuldig, aber ich weiß genau, dass sie gelogen hat."

"Bernd macht einen auf weltmännisch, obwohl er noch nie in seinem Leben im Ausland war."

Leichen im Keller haben–to have skeletons in the closet
Wenn du Leichen im Keller hast, dann hast du etwas Illegales gemacht und hoffst, dass niemand es herausfindet.

den richtigen Nerv treffen–to start talking about a good topic
Wenn du bei jemandem den richtigen Nerv triffst, hast du ein Gesprächsthema gewählt, dass diese Person wirklich interessiert. Das ist also positiv gemeint, obwohl es beim Zahnarzt gar nicht lustig ist, wenn dieser mit seinem Bohrer auf einen Nerv trifft.

"Miriam fing an, über Fußball zu sprechen und merkte gleich, dass sie bei Matthias den richtigen Nerv getroffen hatte.

III. Konversationsfragen

1. Was machst du nach einem Umzug oder im Urlaub, um dich mit den Örtlichkeiten vertraut zu machen?
2. Kennst du eine Person, die Leichen im Keller hat?
3. Über welches Thema muss man sprechen, um bei dir den richtigen Nerv zu treffen?
4. Hast du schon einmal ein Überraschungsgeschenk bekommen?

Lösungen Verständnisfragen
1c, 2a, 3a, 4c, 5c, 6b

12. Weihnachten

Sheila und ihr Mann Tobias hatten Carla und Henrik eingeladen, den **Heiligabend** mit ihnen gemeinsam zu verbringen. Tobias hatte keine engen Verwandten mehr, nachdem sein älterer Bruder vor drei Jahren an Krebs gestorben war. Sheilas Familie lebte in Irland. Normalerweise besuchten Sheila und Tobias sie und flogen von dort aus in ihren Weihnachtsurlaub, aber da die Lesereise so knapp vor Weihnachten endete, hatte Sheila diesmal beschlossen, lieber noch einige Tage in Berlin zu relaxen und im Frühjahr nach Irland zu fliegen.

Der Heiligabend war für Sheila und Tobias immer spannend, weil **abwechselnd** einer von beiden den dreiwöchigen Urlaub nach Weihnachten organisierte. Dieses Jahr war Tobias dran gewesen und Sheila stürzte sich gleich nach dem Essen auf den großen roten Umschlag. Gespannt und ungeduldig riss sie ihn auf.

"Wow, Brasilien", rief sie. "Silvester in Rio de Janeiro. Und die Iguazú-Wasserfälle. Die wollte ich immer schon sehen."

Sie las weiter das Programm und die Informationen, die Tobias liebevoll zusammengestellt hatte.

"Ah, Rückflug von Buenos Aires. Also auch Tango tanzen. Das hört sich wirklich gut an. Vielen lieben Dank, Darling."

Sheila umarmte und küsste ihren Mann. Dann wandte sie sich an Carla.

"Du hast einen Tag Zeit, mir Survival-Portugiesisch beizubringen."

Heiligabend, Christmas Eve | **abwechselnd,** alternating

Carla lachte. "Okay. Wir können zusammen ein paar Sachen üben und uns einige YouTube-Videos anschauen, damit deine Aussprache brasilianisch und nicht europäisch klingt."

Auch für Carla lagen zwei Umschläge unter dem Weihnachtsbaum, einer von Henrik und einer von Sheila und Tobias.

Der Umschlag des Ehepaars enthielt einen großzügigen Amazon-**Gutschein**.

"Wir hatten gedacht, wir kaufen dir lieber nichts, was du beim nächsten Umzug **mitschleppen** musst. So kannst du selber wählen. Zum Beispiel Kindle-Bücher bestellen", erklärte Sheila.

"Na, das werden aber viele Bücher", lachte Carla. "Vielen lieben Dank."

In dem Umschlag von Henrik befanden sich eine Karte und ein kleines, flaches Geschenk, das Carla neugierig öffnete. Sie fand eine hübsche silberne Kette mit einem Delfin-Anhänger.

"Oh, die ist aber hübsch."

Henrik half Carla, die Kette anzulegen.

"Steht dir sehr gut", meinte Sheila **anerkennend**.

"Danke."

Carla öffnete die Karte. Es war eine Einladung für einen Restaurantbesuch am 26.12., Carlas Geburtstag. Sie sah Henrik an.

---

der Gutschein, voucher | **mitschleppen,** to drag / to carry around | **anerkennend,** appreciative

"Also, eigentlich ist das ja ein Geburtstagsgeschenk", meinte sie.

"Ja, ich weiß, aber ich wollte **sichergehen**, dass du auch tatsächlich Zeit hast und nicht mit Sheila und Tobias nach Rio fährst oder so."

Obwohl Henrik versuchte, **es witzig klingen zu lassen**, merkte Carla, dass ein kleiner **Vorwurf** in seinen Worten lag. Klar, sie war einfach so mit Sheila verschwunden und hatte es **als selbstverständlich vorausgesetzt**, dass er es akzeptieren würde.

Carla lächelte Henrik an. "Ich verspreche dir, dass ich in zwei Tagen noch hier sein werde und freue mich sehr darauf, mit dir essen zu gehen."

"Uff, da bin ich beruhigt." Das war jetzt wieder der alte Henrik.

Als Carla und Henrik am nächsten Morgen aufwachten, stellten sie fest, dass es in der Nacht tatsächlich ein bisschen geschneit hatte.

"Oh, wie schön", strahlte Carla. "Lass uns schnell aufstehen und einen Spaziergang machen, bevor der Schnee wieder weg ist."

Nach einem kurzen Frühstück waren sie unterwegs im **verschneiten** und noch weihnachtlich ruhigen Berlin.

"Wie lange bleibst du denn jetzt noch bei Sheila und Tobias wohnen?", fragte Henrik.

"Nun, auf jeden Fall bis Ende Januar."

"Und danach?"

---

sichergehen, to make sure | **etwas witzig klingen lassen,** to make sth sound funny | **der Vorwurf,** reproach | **etwas als selbstverständlich voraussetzen,** to take sth for granted | **verschneit,** snow-covered

"Du, Henrik. Ich weiß es noch nicht. Ich muss sagen, dass mir Berlin nicht so richtig gefällt. Also, es ist super für einen Urlaub, aber ich kann mir einfach nicht vorstellen, hier lange zu wohnen."

"Ich möchte auch nicht mein Leben lang in Berlin bleiben, aber mein Master dauert nun einmal zwei Jahre und solange kann und will ich hier nicht weg."

"Klar, das verstehe ich. Du, lass uns jetzt nicht darüber sprechen, ja? Lass uns einfach diese paar Tage bis Anfang Januar genießen."

"Okay, aber im Januar musst du eine Entscheidung treffen. Erik will mit Thomas zusammenziehen. Dann wird seine Wohnung frei und wir könnten sie übernehmen. Wenn du aber nicht in Berlin bleiben willst, dann würde ich mir lieber ein WG-Zimmer suchen. Ich wohne nicht so gerne ganz alleine."

"Ich sage dir im Januar Bescheid. Versprochen."

"Alles klar."

Henrik legte den Arm um Carla und gemeinsam liefen sie weiter an der Spree entlang.

I. Verständnisfragen

1. Heiligabend erfährt Sheila, dass Tobias eine Reise nach
    a) Irland organisiert hat.
    b) Brasilien und Argentinien organisiert hat.
    c) Rügen organisiert hat.

2. Sheila und Tobias haben Carla einen Amazon-Gutschein geschenkt,

    a) damit sie viele Kindle-Bücher kaufen kann.

    b) weil sie nicht wussten, was ihr kaufen sollen.

    c) weil es auf Amazon alles gibt.

3. Henrik schenkt Carla

    a) Bücher zu Weihnachten.

    b) etwas zu Weihnachten und zum Geburtstag.

    c) ein Essen in einem guten Restaurant.

4. Am 1.Weihnachtstag verspricht Carla Henrik, dass

    a) sie in Berlin bleiben wird.

    b) sie nicht mehr von einem Tag auf den anderen wegfahren wird.

    c) dass sie Anfang Januar eine Entscheidung treffen wird.

II. Umgangssprachliche und idiomatische Ausdrücke

mitschleppen–to drag/carry around

Man kann eine Sache oder eine Person mitschleppen, also mitnehmen. Bei einer Sache ist es meistens etwas, was du nicht brauchst oder was schwer ist. Bei einer Person bedeutet es, dass du jemanden mitnimmst, obwohl diese Person das nicht möchte.

"Während meiner Weltreise habe ich zuviel Winterkleidung mitgeschleppt. Ich brauchte sie nicht, weil es meistens warm war."

"Er hat Lisa zum Konzert mitgeschleppt, obwohl sie keine Lust hatte."

etwas als selbstverständlich voraussetzen–to take sth for granted
Wenn du etwas als selbstverständlich voraussetzt, dann überlegst du gar nicht, ob eine andere Person etwas vielleicht nicht möchte oder du gehst davon aus, dass bestimmte Informationen korrekt sind.

"Sie setzte es als selbstverständlich voraus, das Michael gerne Urlaub in Berlin machen wollte."

"Er setzte es als selbstverständlich voraus, dass das Wetter in Mexiko immer gut ist."

III. Konversationsfragen

1. Welche Sachen hast du schon einmal auf einer Reise mitgeschleppt und nicht gebraucht?
2. Wie feierst du Weihnachten?
3. Wem kaufst du Weihnachten Geschenke?
4. Magst du Schnee? Warum oder warum nicht?

Lösungen Verständnisfragen
1b, 2a, 3b, 4c

13. Carlas Geburtstag

Am Zweiten Weihnachtstag holte Henrik Carla um sieben Uhr abends ab und gemeinsam fuhren sie zu dem indischen Restaurant, das Henrik für das Geburtstagsessen ausgesucht hatte. Henrik sprach kurz mit einem Kellner und dieser führte sie zu einem Tisch im hinteren Teil des Restaurants. Auf dem Tisch stand eine riesige Geburtstagstorte mit 21 Kerzen und Carla wurde von einer Gruppe Menschen mit einem Geburtstagslied begrüßt. Sie war **überwältigt**, als sie sah, dass sogar ihre Eltern, ihr Bruder und ihre Freundin Fernanda da waren. Dazu das Ehepaar Sander, bei dem sie und Henrik im September ihren Workaway-Einsatz auf der Insel Rügen gemacht hatten, Susanne aus München und Freunde aus Berlin. Alle begrüßten Carla mit einer Umarmung und Küsschen.

"Wie hast du das denn geschafft?", fragte Carla Henrik, als sie am Tisch saßen.

"Du musst dich in erster Linie bei Iva und Dara bedanken", antwortete Henrik. "Dara hat das Ganze hier organisiert und Iva hat dafür gesorgt, dass jeder einen Schlafplatz hat, denn dadurch, dass du zu so einem **ungünstigen Zeitpunkt** Geburtstag hast, waren Anfang Dezember natürlich schon alle preiswerten und halbwegs netten Übernachtungsmöglichkeiten ausgebucht. Damit hatte ich nicht gerechnet, als ich auf die Idee kam, diese Überraschungsparty für dich zu organisieren. Naja, und dann fiel mir ein, dass Dara ja Spezialistin für Partys und Reiseorganisation ist, also habe ich sie angerufen. Zufällig war sie genau zu dem Zeitpunkt in Berlin, also haben wir uns getroffen und Iva auch noch **eingespannt** und von da an haben eigentlich die beiden übernommen. Zum Glück, denn bei mir wäre diese geniale Idee wahrscheinlich im Chaos geendet."

überwältigt sein, to be overwhelmed | **ein ungünstiger Zeitpunkt,** an unfavorable time | **jemanden einspannen,** to make s.o. do sth

Jetzt verstand Carla, warum Henrik ihr nichts von seinem Treffen mit Dara erzählt hatte und bekam ein schlechtes Gewissen, weil sie ihm **unterstellt** hatte, **fremdzugehen**. Nun war sie froh, dass sie Henrik als Folge der ganzen Hektik in den Wochen vor Weihnachten und weil sie die Weihnachtstage nicht mit einem Streit ruinieren wollte, nicht auf das Thema angesprochen hatte. Aber heute war ihr Geburtstag. Sie wollte kein schlechtes Gewissen haben, sondern einfach nur feiern und sich darüber freuen, dass alle Menschen, die ihr wichtig waren, heute bei ihr waren. **Mit Ausnahme von** Sheila und Tobias natürlich, die gerade im Flugzeug nach Rio saßen.

Nach dem Essen rückten die Kellner die zusammengestellten Tische auseinander, sodass man leichter den Platz wechseln und den Gesprächspartner tauschen konnte.

"Ich freue mich total, dass du gekommen bist", meinte Carla zu Susanne.

"Es ist mir so schwer gefallen, dir nichts zu sagen, als wir uns in München getroffen haben", lachte Susanne.

"Wo bist du denn **untergekomme**n? Und wie lange bleibst du?"

"Ich schlafe heute Nacht bei Iva und fahre morgen leider schon wieder zurück nach München. Wir haben im Januar einiges an Prüfungen und ich muss lernen."

Fernanda kam zu ihnen. "Das ist also deine Sprachpartnerin", meinte sie auf Portugiesisch.

---

unterstellen, to assume (sth negative) | **fremdgehen,** to cheat | **mit Ausnahme von,** with the exception of | **es ist mir schwer gefallen,** it was difficult for me | **unterkommen,** to find a temporary place to stay

Susanne lachte. "Oh, super, heute kann ich auch Portugiesisch üben. Carlas Eltern muss ich auch noch hallo sagen. Du bist Fernanda, nicht wahr?"

"Ja, genau und ich kann kein Deutsch."

Kurze Zeit später **gesellten sich** auch noch Carlas Eltern zu ihnen, während ihr Bruder offensichtlich **in ein** interessantes **Gespräch** mit Erik **vertieft** war. Wer weiß, vielleicht würde er seine Fußball-**Leidenschaft** aufgeben und sich zukünftig fürs Programmieren interessieren.

"Du, Carla, ich habe ein Angebot für dich", meinte Fernanda plötzlich.

"Ein Angebot? Was meinst du damit?"

"Ich habe dir doch erzählt, dass ich ab Januar Projektmanagerin bin und eine Assistentin **einstellen** kann. Ich habe mit meinen Chefs gesprochen und es ist okay für sie, wenn die Assistentin erst im Februar oder März anfängt. Solange ich bis dahin die Arbeit alleine erledige, logischerweise. Naja, und ich würde dir gerne diese Stelle anbieten."

"Mir? Warum?", fragte Carla erstaunt.

"Also, natürlich nur, wenn du nicht in Berlin bleiben und nach Portugal zurückkehren willst. Du hattest mir erzählt, dass du es gerne als Schriftstellerin versuchen möchtest. Die Assistentenstelle im Projekt ist Teilzeit, 20 Stunden pro Woche.

---

sich gesellen, to join (other people) | **in ein Gespräch vertieft sein,** to be absorbed in a conversation | **die Leidenschaft,** passion | **einstellen,** to hire

Du kannst dort wohnen, bekommst ein Gehalt, mit dem du gut leben kannst und hast Zeit zum Schreiben. Du musst dich nicht sofort entscheiden. Wie gesagt, es ist okay, wenn die Assistentin erst ab Februar oder März anfängt."

"Wow, jetzt bin ich sprachlos", meinte Carla. "Das ist natürlich ein tolles Angebot. Und die Algarve ist so schön. Es ist lieb von dir, dass du mir Zeit für eine Entscheidung lässt. Ich **schiebe** das schon Wochen **vor mir her**, aber ich habe auch Henrik versprochen, dass ich ihm im Januar **Bescheid sage**, was ich machen werde. Apropos Henrik, seit wann **weißt** du eigentlich über diese kleine Überraschung hier **Bescheid**?"

Fernanda lachte. "Henrik hat mich angerufen, nachdem du nach Köln gefahren bist. Ich habe mich mit ihm und Dara getroffen und da wurde mir natürlich klar, dass dein **Verdacht**, dass die beiden **etwas miteinander haben,** falsch war. Ich habe echt erst überlegt, ob ich es dir irgendwie sagen kann, ohne das mit der Überraschungsparty hier zu **verraten,** aber dann war ich beschäftigt und du ja auch."

"Du scheinst aber der Meinung zu sein, ich solle aus Berlin weg."

"Nun, ich hatte einfach den Eindruck, dass du nicht wirklich glücklich in Berlin bist. Das heißt ja nicht, dass du dich von Henrik trennen sollst. Wie du weißt, gibt es billige Flüge zwischen Faro und Berlin, da kann man sich leicht mal für ein Wochenende besuchen. Gibt doch heutzutage genug Paare, die in einer **Fernbeziehung** leben."

---

etwas vor sich herschieben, to procrastinate | **Bescheid sagen,** to tell, to inform | **Bescheid wissen,** to know, to be informed | **der Verdacht,** suspicion | **etwas miteinander haben,** to have an affair | **etwas verraten,** to reveal sth | **die Fernbeziehung,** long-distance relationship

"Ja, da hast du natürlich recht. Und seit wir in Berlin sind, haben Henrik und ich uns auch nicht wirklich oft gesehen. Vielleicht wäre es tatsächlich nett, wenn wir uns seltener, aber dafür bewusster treffen würden."

"Finde ich auch. Also, denk über mein Angebot nach. Ich würde mich riesig freuen, mit dir zusammenzuarbeiten."

"Dann wärst du meine Chefin", lachte Carla.

"Quatsch. Wir würden wie Kollegen zusammenarbeiten und hätten viel Spaß miteinander."

Als das Restaurant um zwei Uhr morgens schloss, fuhren alle mehr oder weniger **beschwipst** zu ihren jeweiligen Unterkünften. Nur Iva hatte keinen Alkohol getrunken, war aber auch bis zum Ende geblieben und hatte sich offensichtlich ganz wohl gefühlt. Carlas Eltern und Bruder würden zwei Nächte in Berlin verbringen, sodass sie am nächsten Tag noch etwas zusammen unternehmen konnten.

---

beschwipst, slightly drunken

I. Verständnisfragen

1. Zu Carlas Geburtstagsfeier
    a) sind alle ihre Freunde und ihre Familie gekommen.
    b) sind ihre Eltern aus Portugal gekommen.
    c) sind alle ihre Freunde außer Sheila und Tobias gekommen.

2. Henrik erzählt Carla, dass
    a) Dara und Iva ihm bei der Organisation der Feier geholfen haben.

b) er alles alleine organisiert hat.

c) Sheila und Tobias ihm bei der Organisation der Feier geholfen haben.

3. Susanne wusste bei ihrem Treffen mit Carla in München
   a) noch nichts von der Geburtstagsfeier.
   b) schon, dass Henrik die Feier organisieren wollte.
   c) dass Sheila und Tobias nicht zur Feier kommen konnten.

4. Fernanda bietet Carla an,
   a) als ihre Assistentin zu arbeiten.
   b) bei ihr in Portugal zu wohnen.
   c) ihr bei ihrer Entscheidung zu helfen.

5. Fernanda denkt, dass
   a) Carla mit Henrik nicht glücklich ist.
   b) Carla wieder nach München ziehen sollte.
   c) es Carla in Berlin nicht gut gefällt.

II. Umgangssprachliche und idiomatische Ausdrücke

jemanden einspannen–to make s.o. do sth.
Wenn du viel Arbeit hast, kannst du versuchen, Freunde einzuspannen, die dir helfen.

"Was meinst du, wen können wir für den Umzug einspannen?"

"Immer, wenn Peter Hilfe bei englischen Texten brauchte, spannte seinen amerikanischen Freund Michael ein."

fremdgehen–to cheat

Wenn du in einer Beziehung oder verheiratet bist und trotzdem mit einer anderen Person Sex hast, dann gehst du fremd.

"Laura und Oliver haben sich getrennt, weil sie fremdgegangen ist."

"Mark kann nicht treu sein, spätestens nach drei Monaten Beziehung geht er fremd."

unterkommen–to find a temporary place to stay
Du kommst bei jemanden unter, wenn du temporär einen Schlafplatz brauchst und dir jemand sein Sofa oder Gästezimmer anbietet.

"Das Hotel war schrecklich, aber wir sind für eine Nacht bei sehr netten Einheimischen (locals) untergekommen."

"Du kannst gerne bei mir unterkommen, solange du auf Wohnungssuche bist."

in ein Gespräch vertieft sein–to be absorbed in a conversation
Wenn du in ein Gespräch vertieft bist, merkst du nicht, was um dich herum passiert.

"Martin und Oliver waren so in ihr Gespräch vertieft, dass sie nicht merkten, dass alle andere Gäste schon gegangen waren und das Restaurant schließen wollte."

etwas vor sich herschieben–to procrastinate
Wir schieben gerne unangenehme oder langweilige Aufgaben vor uns her, d.h. wir prokrastinieren. Oder man kann umgangssprachlich auch sagen: Wir leider unter Aufschieberitis.

"Ich habe das Putzen der Wohnung die ganze Woche vor mich hergeschoben, nun muss ich es am Sonntag machen."

beschwipst sein–to be slightly drunken

Wenn du beschwipst bist, bist du nicht richtig betrunken, aber du merkst, dass du Alkohol getrunken hast und bist meistens guter Laune.

"Laura ist nach einem Glas Wein schon beschwipst."

"Immer, wenn ich beschwipst bin, fange ich an zu tanzen."

III. Konversationsfragen

1. Für welche Aufgaben lässt du dich gerne einspannen?
2. Hast du Freunde in anderen Städten, bei denen du unterkommen kannst, wenn du die Stadt besuchst?
3. Welche Aufgaben schiebst du gerne vor dich her?
4. Wann hat dich das letzte Mal jemand überrascht?
5. Welche Stadt gefällt dir nicht so gut? Warum?

Lösungen Verständnisfragen

1c, 2a, 3b, 4a, 5c

14. Überraschungsbesuch

Zwei Tage vor Silvester hatte Carla gerade ihren Portugiesischunterricht beendet, als sie eine WhatsApp-Nachricht von Andreas bekam, dem jungen Mann aus München.

Ich bin bis morgen in Berlin. Hast du Zeit und Lust auf ein Treffen?

Carla zögerte. Sie hatte in den letzten Tagen gar nicht mehr an Andreas gedacht. Dann ging ihr durch den Kopf, was Sheila gesagt hatte. Beziehungen zu den richtigen Leuten konnten helfen, um als Schriftstellerin Erfolg zu haben. Entschlossen ergriff sie ihr Handy.

Das ist aber eine Überraschung. Was hältst du davon, wenn wir uns in zwei Stunden am Alexanderplatz treffen?

Die Antwort kam sofort: *Ja, gerne. Bis dann.*

Als Carla am Alexanderplatz ankam, wartete Andreas schon, worüber sie sehr dankbar war, da es wirklich kalt war. Sie begrüßten sich und suchten ein Café in der Nähe, um einen Kaffee zu trinken.

"Was machst du denn in Berlin?", fragte Carla.

"Eigentlich gar nichts. Mein Großvater hat einen Termin mit einem Künstler, dessen Werke er in seiner Galerie in München **ausstellen** will. Naja, und da habe ich gedacht, ich begleite ihn und schaue, ob ich Glück habe und du Zeit hast." Andreas lächelte Carla an.

Die beiden verbrachten fast drei Stunden im Café. Carla stellte fest, dass Andreas ein sehr angenehmer Gesprächspartner war. Er war nur zwei Jahre älter als sie, wirkte aber viel weltmännischer und lebenserfahrener.

---

ausstellen, to exhibit

Offenbar verbrachte er viel Zeit mit seinem Großvater, während das Verhältnis zu seinen Eltern eher schwierig war. Carla war überrascht, als er ihr erzählte, dass er mit siebzehn Abitur gemacht und bereits ein abgeschlossenes Bachelor-Studium hatte.

"Du bist ja ein richtiges Wunderkind", meinte sie.

"Nein, nein. Ich war halt noch fünf, als ich zur Schule gekommen bin und entsprechend erst siebzehn, als ich sie beendet habe. War bei meiner Schwester nicht anders."

"Dann hat deine Schwester auch schon einen Bachelor studiert?"

"Nein, sie hat eine Ausbildung zur **Goldschmiedin** gemacht und unser Großvater hat ihr ein kleines Atelier eingerichtet, zu dem auch ein Laden gehört. Sie verkauft noch nicht so viel, aber sie ist **mit Leib und Seele** Künstlerin. Das kann man von mir leider nicht behaupten. Ich mag ebenso wie mein Großvater Kunst, aber ich habe absolut kein Talent. Wahrscheinlich werde ich die Galerie in München weiterführen. Meine Mutter hat zu viele Probleme, um sich damit zu beschäftigen und weder mein Vater noch mein Onkel haben Interesse."

"Und was ist mit den Kryptowährungen?"

"Da baue ich mir gerade etwas auf, **steckt** aber ebenso wie das Atelier meiner Schwester noch **in den Kinderschuhen**. Wir wollen nicht vom Geld unseres Großvaters leben, weißt du."

"Machen deine Eltern und dein Onkel das?"

---

der Goldschmiede, goldsmith | **mit Leib und Seele,** with heart and soul | **etwas steckt in den Kinderschuhen,** to be in the fledgling stages

"Ja, klar und es nervt."

"Aber dein Großvater akzeptiert es?"

Andreas seufzte. "Ja. Es gefällt ihm nicht und er versteht es auch nicht, aber er akzeptiert es. Aber es gibt oft **Auseinandersetzungen**, vor allem zwischen ihm und meinem Onkel. Und mein Großvater ist nicht mehr der Jüngste."

"Du stehst deinem Großvater sehr nah, nicht wahr?"

"Ja, er ist mehr wie ein Vater für mich und ich habe sehr viel von ihm gelernt."

Andreas nahm Carlas Hand. "Ich würde dich gerne öfter sehen. Was meinst du?"

Carla schaute ihn an und meinte schließlich: "Ich muss in den nächsten Tagen einige wichtige Entscheidungen treffen. Du bist sehr nett und es ist total interessant, sich mit dir zu unterhalten, aber ich bin mir nicht sicher, ob ich mehr möchte."

"Kein Problem. Nimm dir Zeit und lass uns in Kontakt bleiben."

"Ja, gerne."

Als Carla zurück zu Hause war, rief sie Fernanda an und erzählte ihr von dem Treffen mit Andreas.

"Wow, gegen einen Millionärssohn komme ich mit meinem Angebot natürlich nicht an", lachte diese.

---

die Auseinandersetzung   discussion

"Scherz beseite. Carla, es ist Zeit, eine Entscheidung zu treffen. Nicht meinetwegen, da hast du noch ein paar Wochen Zeit, das habe ich dir ja gesagt. Aber Henrik hat eine klare Antwort von dir verdient. Ich kenne diesen Andreas ja nicht, aber Henrik fand ich total nett."

"Ich weiß, Fernanda. Wir werden Silvester zusammen verbringen und danach treffe ich eine endgültige Entscheidung. Auch du musst nicht bis Februar warten."

"Klingt gut. Dann wünsche ich euch schon mal viel Spaß, was immer ihr Silvester macht und einen guten Rutsch ins Neue Jahr."

"Danke. Dir auch."

I. Verständnisfragen

1. Carla trifft sich mit Andreas, weil
    a) sie denkt, dass Networking wichtig ist.
    b) sie an ihm interessiert ist.
    c) sie sich mit Henrik gestritten hat.

2. Andreas
    a) ist froh, dass sein Großvater ihn finanziert.
    b) möchte nicht vom Geld seines Großvaters abhängig sein.
    c) hat ein schlechtes Verhältnis zu seinem Großvater.

3. Carla und Andreas beschließen nach ihrem Treffen im Café, dass
    a) sie sich vor Andreas Abreise noch einmal sehen wollen.
    b) dass sie miteinander in Kontakt bleiben wollen.
    c) dass es besser ist, den Kontakt nicht zu halten.

4. Fernanda denkt, dass

    a) Henrik eine ehrliche Antwort von Carla braucht.

    b) Andreas perfekt für Carla ist.

    c) Henrik und Andreas sich kennenlernen sollten.

II. Umgangssprachliche und idiomatische Ausdrücke

mit Leib und Seele–with heart and soul
Wenn du etwas mit Leib und Seele machst oder bist, dann ist das für dich sehr wichtig und du steckst deine ganze Energie in diese Sache.

"Karl war mit Leib und Seele Arzt. Er hat noch mit 80 Jahren gearbeitet."

"Karin ist bei dem Projekt mit Leib und Seele dabei. Sie will unbedingt, dass es ein großer Erfolg wird."

etwas steckt in den Kinderschuhen –to be in the fledging stages
Wenn etwas in den Kinderschuhe steckt, dann ist es noch im Anfangsstadium und oft noch nicht sehr erfolgreich.

"Maras Geschäft hat Potential, steckt aber noch in den Kinderschuhen. Sie wird noch viel Arbeit investieren müssen."

"Mein Projekt steckt zwar noch in den Kinderschuhen, aber ich verdiene schon ganz gut damit."

III. Konversationsfragen

1. Bei welchen Aktivitäten bist du mit Leib und Seele dabei?
2. Was steckt bei dir momentan noch in den Kinderschuhen? Beruflich oder privat.
3. Wie wichtig ist berufliches Networking für dich?

Lösungen Verständnisfragen
1a, 2b, 3b, 4a

15. Carlas Entscheidung

Am 1. Januar wachte Carla um elf Uhr morgens **mit einem Brummschädel** auf dem Sofa in Eriks Wohnung auf. Henrik lag neben ihr und schlief tief und fest. Sie **rappelte sich auf** und lief ins Badezimmer. Sie schaute kurz in den Spiegel, **bereute** es aber sofort. Definitiv zu viel Alkohol und zu wenig Schlaf. Dabei war es eigentlich als ein eher ruhiger Silvesterabend zusammen mit Erik und seinem Partner Thomas geplant gewesen. So hatte es auch angefangen. Sie hatten bis Mitternacht **Gesellschaftsspiele** gespielt und zumindest Carla hatte bis dahin nur zwei Gläser Wein getrunken. Um Mitternacht waren sie herausgegangen, hatten Nachbarn getroffen, **mit ihnen angestoßen** und waren schließlich noch in einer Bar gelandet, wo **der Alkohol reichlich geflossen war**. Carla konnte sich nicht genau erinnern, wann sie im Bett gelandet war, sie wusste nur, dass sie einen schrecklichen Kater hatte. **Ihr Kopf dröhnte.** Sie suchte im Bad nach Kopfschmerztabletten, fand aber nichts.

"**Verdammt**, haben Kerle keine Kopfschmerzen?", **fluchte** sie.

Entnervt packte sie ihre Sachen zusammen, schaffte es irgendwie, ein Taxi zu bestellen und fuhr zu Sheilas Haus. Dort warf sie sich zwei Aspirin ein und schaffte es gerade noch, Henrik eine Nachricht zu schicken, bevor sie in ihr Bett fiel und noch einmal einschlief. Als sie vier Stunden später wieder aufwachte, waren die Kopfschmerzen verschwunden und sie fühlte sich wesentlich besser. Henrik hatte vor zwei Stunden eine Nachricht geschrieben und sie gebeten, sich zu melden, wenn es ihr wieder besser ging. Das würde sie machen, aber erstmal duschen und danach ein Spaziergang, um das Neue Jahr **in nüchternem Zustand** zu begrüßen.

---

mit einem Brummschädel, with a headache | **sich aufrappeln,** to pick oneself up |**bereuen,** to regret | **Gesellschaftsspiele,** boardgames | **mit jemandem anstoßen,** to toast with s.o. | **der Alkohol war reichlich geflossen,** there had been alcohol in abundance, *fließen, es floss, es ist geflossen* | **Ihr Kopf dröhnte,** her head throbbed | **verdammt,** damn | **fluchen,** to swear | **in nüchternem Zustand,** in a sober condition

Als Carla zurückkehrte, fühlte sie sich frisch und voller Energie. Dieses Jahr würde ein gutes Jahr werden, davon war sie überzeugt.

Am nächsten Morgen trafen Carla und Henrik sich in einem Café.

"Ich habe eine Entscheidung getroffen", meinte Carla.

"Ich bin ganz Ohr."

"Ok. Also, ich werde nach Portugal zurückgehen."

Henrik sah sie an und meinte **nach kurzem Schweigen**: "Ich hatte es mir gedacht. Was ist mit uns?"

Carla senkte kurz den Kopf und schaute Henrik dann an.

"Du bedeutest mir sehr viel, aber ich glaube, als Paar passen wir **auf Dauer** nicht zusammen. Ich hoffe, dass wir Freunde bleiben können", meinte sie.

"Gibt es einen anderen?", fragte Henrik.

"Nein", antworte Carla.

"Wann wirst du nach Portugal gehen?"

"Ende Januar."

"Dann sehen wir uns heute nicht das letzte Mal."

"Nein, natürlich nicht. Also, wenn du Zeit und Lust hast, können wir jederzeit zusammen etwas trinken gehen."

---

nach kurzem Schweigen, after being silent for a moment | **auf Dauer,** permanently

"Und ein Abschiedsessen in einem netten Restaurant."

"Ja, gerne."

Als Carla zur U-Bahn-Station lief, atmete sie tief ein. Die Trennung von Henrik war ihr nicht leichtgefallen. Es war nicht so, dass sie keine Gefühle mehr für ihn hatte, aber es war nicht genug für eine langfristige Partnerschaft, das war ihr in den letzten Wochen klargeworden. Sie war froh, dass Henrik es so gut aufgenommen hatte. Er schien nicht so überrascht gewesen zu sein. Ob es anders gelaufen wäre, wenn sie in München geblieben wären?

Jetzt war Fernanda dran. Carla rief sie an.

"Hallo Carla, schön von dir zu hören. Wie geht es dir?"

"Super, danke. Und dir?"

"Gleichfalls, aber jetzt **schieß los**. Du hast doch angerufen, um mir deine Entscheidung mitzuteilen, oder?"

"Ja, allerdings", lachte Carla. "Ich habe mich gerade mit Henrik getroffen, und ihm gesagt, dass ich unsere Beziehung beenden möchte."

"Uff. Wie hat er es aufgenommen?"

"Es war okay. Ich glaube, er hatte es schon **geahnt**."

"Verstehe. Heißt das, dass du nach Portugal zurückkommst?"

"Ja, aber ich werde **dein Angebot nicht annehmen**."

Schieß los, Start talking | **etwas ahnen,** to guess sth. | **ein Angebot annehmen,** to accept an offer

"Oh", aus Fernandas Stimme war die **Enttäuschung** und Überraschung deutlich herauszuhören. "Was ist denn dann dein Plan?"

"Ich werde mir ein Zimmer oder eine kleine Wohnung bei dir in der Nähe suchen, halbtags Portugiesisch unterrichten und den Rest der Zeit an meinem ersten Roman arbeiten."

"Bei mir in der Nähe klingt super. Und wann kommst du?"

"Ende Januar. Und ich wollte dich fragen, ob du **dich umhören** kannst wegen Zimmer oder Wohnung. Wahrscheinlich bleibe ich erst ein paar Tage bei meinen Eltern und komme dann zu dir an die Algarve."

"Super. Ich höre mich um und sage dir Bescheid, wenn ich etwas finde."

Die beiden Freundinnen verabschiedeten sich voneinander und Carla lächelte. Sheila würde sie eine Email schreiben. Fehlte Andreas. Carla war etwas unsicher. Sie hatten sich schließlich bisher nur zweimal gesehen und ab und zu telefoniert. Sie wollte keine Beziehung mit ihm, aber trotzdem den Kontakt halten. Carla spielte eine Weile mit ihrem Handy und schrieb Andreas schließlich eine Nachricht.

Hallo! Wie geht es dir? Ich habe gerade mit meiner besten Freundin telefoniert und ihr gesagt, dass ich Ende Januar nach Portugal zurückkomme. Du hattest also recht damit, dass Berlin nicht so mein Ding ist.

Die Antwort kam eine halbe Stunde später.

---

die Enttäuschung, disappointment | **sich umhören,** to ask around

Gute Entscheidung. Wo genau wirst du wohnen? Plan mich für einen Besuch im Februar ein. In Portugal war ich noch nie.

Ich werde an die Algarve ziehen. Meine beste Freundin wohnt und arbeitet dort. Ich möchte dort meinen ersten Roman beenden.

Das klingt super. Melde dich, wenn du Hilfe bei der Veröffentlichung oder Vermarktung brauchst. Vielleicht kannst du zwischendurch mal nach München kommen. Dann stelle ich dich meinem Großvater vor.

Vielen Dank. Das ist super lieb von dir.

Carla war glücklich. Keine weiteren Katastrophen. Das Jahr fing wirklich gut an. Auch Sheila schickte eine Email, in der sie Carla alles Gute wünschte und ihr Hilfe anbot.

I. Verständnisfragen

1. Am Silvesterabend
   a) trinkt Carla zuviel Alkohol und hat am nächsten Morgen einen Kater.
   b) gehen Henrik und Erik in eine Bar und lassen Carla alleine in der Wohnung.
   c) spielen Carla und Henrik Brettspiele und bleiben zuhause.

2. Als Carla Henrik erzählt, dass sie nach Portugal zurückgehen und sich von ihm trennen wird,
   a) reagiert er mit Unverständnis.
   b) ist er enttäuscht, aber verständnisvoll.
   c) möchte er den Kontakt zu Carla abbrechen.

3. Carla hat sich von Henrik getrennt, weil
   a) sie keine Fernbeziehung möchte.

b) sie sich in Andreas verliebt hat.

c) sie denkt, dass er auf Dauer nicht der richtige Partner für sie ist.

4. Carla will in Portugal
   a) Portugiesisch unterrichten und ihren Roman schreiben.
   b) bei ihren Eltern wohnen.
   c) als Fernandas Assistentin arbeiten.

5. Andreas
   a) bietet Carla Hilfe bei ihrem Buchprojekt an.
   b) will Carla beim Umzug helfen.
   c) freut sich, dass Carla sich von Henrik getrennt hat.

II. Umgangssprachliche und idiomatische Ausdrücke

mit einem Brummschädel–with a headache
Wenn du einen Brummschädel hast, dann hast du starke Kopfschmerzen, oft als Folge von zuviel Alkohol.

"Nach Thomas' Geburtstagsfeier wachte ich morgens mit einem Brummschädel auf und konnte nicht arbeiten gehen."

der Alkohol war reichlich geflossen–there had been alcohol in abundance
Wenn der Alkohol reichlich fließt, dann bedeutet das, dass alle viel Alkohol getrunken haben.

"Auf Miriams Partys fließt der Alkohol immer reichlich."

Schieß los–Start talking

"schießen" bedeutet "to shoot", aber natürlich sollst du nicht schießen. Wenn jemand zu dir sagt "Schieß los", dann ist diese Person neugierig auf etwas, was du erzählen möchtest.

III. Konversationsfragen

1. Hast du schon einmal einen richtigen Brummschädel gehabt? Warum? Was ist passiert?
Wie verbringst du gerne Silvester?
2. Was machst du, wenn Kopfschmerzen hast?

Lösungen Verständnisfragen
1a, 2b, 3c, 4a, 5a

16. Lissabon

Carla war schrecklich aufgeregt. Ihr erster Roman war vor zwei Wochen veröffentlicht worden und die ersten Verkaufszahlen waren **vielversprechend**. Sie wusste genau, dass all dies ohne die Hilfe von Sheila und Andreas' Großvater nicht möglich gewesen wäre. Hermann von Blankenburg hatte zunächst auf Bitten seines Enkels die Übersetzung ins Deutsche und ins Englische finanziert. Nachdem Sheila den Roman gelesen und für gut befunden hatte, hatte sie ihre Beziehungen spielen lassen und es geschafft, dass einige portugiesische Verlage das Manuskript lasen. Ein Verlag hatte Carla schließlich **unter Vertrag genommen** und ihr Buch veröffentlicht. Und nun hatte sie ihre erste Lesung in Lissabons größtem Buchladen und hoffte, dass nicht nur ihre Familie und Freunde kommen würden, sondern auch Menschen, die ihren Roman vielleicht schon gekauft hatten oder ernsthaft an der jungen neuen Autorin interessiert waren.

Nervös betrat sie eine Viertelstunde vor Beginn der **Veranstaltung** den Buchladen. Die Lesung fand in einem Nebenraum statt. Als Carla hineinspähte, stellte sie fest, dass etwa die Hälfte der rund 80 Plätze schon besetzt war. Uff, das war ein gutes Zeichen. Portugiesen kamen oft erst in letzter Minute, **da ging also noch etwas**.

Der Besitzer des Ladens kam auf sie zu.

"Carla, herzlich willkommen. Wie schön, Sie zu sehen. Kommen Sie, lassen Sie uns in den Saal gehen."

Zwei Stunden später lag Carla erschöpft, aber glücklich in den Armen ihrer Mutter.

"Ich bin so **stolz auf** dich, Kind", meinte Monica Santos.

---

vielversprechend, promising | **unter Vertrag nehmen,** to contract, to hire | **die Veranstaltung,** event | **da ging noch etwas,** there were still possibilities **stolz sein auf,** to be proud of

Es waren tatsächlich fast alle Plätze besetzt gewesen und Carla hatte mehr als 100 Bücher signieren müssen.

"Und ich habe Hunger", lachte Carla. "**Vor lauter Aufregung** habe ich heute Mittag **keinen Bissen herunter gekriegt.**"

"Na, dann auf ins Restaurant."

"Einen Moment, Mama."

Carla hatte gesehen, dass Henrik ihr ein **Zeichen gemacht** hatte. Sie ging zu ihm hin.

"Ich freue mich total, dass du gekommen bist", meinte sie. "Schade, dass Iva nicht auch hier ist."

"Sie ist kein Fan von solchen Events, das weißt du ja."

Henrik und Iva waren seit einigen Monaten ein Paar. Carla war überrascht gewesen, als Henrik ihr erzählt hatte, dass er jetzt mit Iva zusammen war.

"Weißt du, ich hatte vor einem Jahr eine Zeit lang gedacht, dass du an Dara interessiert bist", meinte sie jetzt zu Henrik.

"Dara ist eine tolle Person, aber sie liebt diesen Typen in Bulgarien. Und ich glaube, auf Dauer ist sie mir auch zu extrovertiert."

"Und so bist du auf Iva gekommen?"

---

vor lauter Aufregung, for being so excited | **keinen Bissen herunterkriegen,** not being able to eat | **jemandem ein Zeichen machen,** to signal s.o. to come

"**Das hat sich ergeben.** Ich musste ein sehr computerlastiges Projekt an der Uni machen, das mich echt an meine Grenzen gebracht hat. Sie war zufällig bei Erik, als ich mich darüber **beklagt** habe und hat mir ihre Hilfe angeboten. So haben wir plötzlich eine Menge Zeit miteinander verbracht und ich habe mich in sie verliebt."

"Iva ist eine tolle Person, wundert mich nicht."

"Aber eine harte Nuss. Sie wollte erst nicht. Ich musste meinen ganzen norwegischen **Charme spielen lassen.**" Henrik grinste.

"Wohnt ihr jetzt zusammen?"

"Nein, nein. Ich glaube, die Lektion habe ich mit dir gelernt. Erstmal eine ganze Weile abwarten und dann vielleicht zusammenziehen. Obwohl ich schon glaube, dass Iva die richtige Frau für mich ist. Was ist mit dir? Gibt es einen neuen Mann in deinem Leben?"

Carla lachte. "Absolut gar nichts. Nada. Ich habe in den letzten acht Monaten nur gearbeitet und geschrieben. Selbst Fernanda hat sich beschwert, **dass sie mich kaum zu Gesicht bekommt,** obwohl wir doch nur zehn Minuten voneinander entfernt wohnen."

Carla unterhielt sich noch eine Weile mit Henrik, bis ihre Mutter **ungeduldig** wurde.

Der Abend war für ihre Eltern und ihren Bruder reserviert, die morgen früh nach Porto zurückfahren würden.

Am nächsten Vormittag traf Carla sich mit Andreas.

Das hat sich ergeben, It just happened | **sich beklagen,** to complain | **seinen Charme spielen lassen,** to be as charming as possible | **jemanden kaum zu Gesicht bekommen,** hardly ever see s.o. | **ungeduldig,** impatient

"Und, bist du zufrieden?", fragte er.

"Zufrieden und dankbar. Dir, deinem Großvater und Sheila. Ohne euch hätte ich das nie geschafft. Aber es ist nur ein Anfang."

"Und am Ende wartet der Literaturnobelpreis?", lachte Andreas.

"Nun, das ist ein bisschen **übertrieben**, aber ich weiß ja von Sheila, dass es mit einem Buch und ein paar verkauften Exemplaren nicht getan ist, wenn ich wirklich von der Schriftstellerei leben will."

"Aber vielleicht wirst du in den nächsten Wochen und Monaten ab und zu mal Zeit für mich haben?"

Carla lächelte Andreas an. "Ja, warum nicht?"

übertrieben, exaggerated

I. Verständnisfragen

1. Carla ist in Lissabon, weil
    a) ihr Buch gerade veröffentlicht wurde.
    b) sie dort eine Lesung hat.
    c) sie dort ihre Eltern treffen will.

2. Die Lesung
    a) wird von mehr als 100 Leuten besucht.
    b) findet in einem Konzertsaal statt.
    c) ist nicht sehr erfolgreich.

3. Henrik
    a) ist zusammen mit seiner neuen Freundin gekommen.
    b) ist zusammen mit Erik gekommen.

c) ist alleine gekommen, weil Iva keine großen Events mag.

4. Carla und Andreas
   a) wollen in Zukunft zusammenarbeiten.
   b) gehen nach der Lesung zusammen ins Restaurant.
   c) wollen sich in Zukunft öfter sehen.

II. Umgangssprachliche und idiomatische Ausdrücke

da ging noch etwas–there were still possibilities
Wenn noch etwas geht, dann hast du noch Optionen.

"Michael hatte schon viel verkauft, war aber sicher, dass da noch etwas ging und intensivierte sein Marketing."

keinen Bissen herunterkriegen–not being able to eat
Wenn du keinen Bissen herunterkriegst, dann hast du keinen Hunger, weil du nervös, traurig oder wütend bist.

"Vor Prüfungen kriege ich keinen Bissen herunter."

"Nachdem Mara erfahren hatte, dass ihr Mann sie verlassen wollte, kriegte sie tagelang keinen Bissen herunter."

das hat sich ergeben–it just happened
Wenn sich etwas ergibt, dann passiert es, ohne dass du es geplant hast.

"Es hat sich einfach so ergeben, dass wir nach dem Seminar alle zusammen noch in ein Café gegangen sind."

seinen Charme spielen lassen–to be as charming as possible

Wenn jemand seinen Charme spielen lässt, ist er besonders freundlich, um etwas zu erreichen.

"Susan hat ihren ganzen Charme spielen lassen, damit wir ihr beim Umzug helfen."

"Erst als ich meinen ganzen Charme spielen ließ, war sie einverstanden, mit mir essen zu gehen."

jemanden kaum zu Gesicht bekommen–hardly ever see s.o.
Wenn du jemanden kaum zu Gesicht bekommst, dann siehst du die Person nur sehr selten, weil entweder sie oder du nur wenig Zeit hat.

"Er hat in den letzten Wochen so viele Überstunden gemacht, dass er seine Familie kaum zu Gesicht bekommen hat."

"Seit meine Schwester mit diesem Typen zusammen ist, bekomme ich sie kaum noch zu Gesicht."

III. Konversationsfragen

1. Wann und warum hast du das letzte Mal keinen Bissen heruntergekriegt?
2. Hast du schon einmal deinen Charme spielen lassen, um etwas zu erreichen? Hattest du Erfolg?
3. Wo kann man einen neuen Partner kennenlernen?
4. Wie oft und mit wem gehst du normalerweise ins Restaurant?

Lösungen Verständnisfragen
1b, 2a, 3c, 4c

Thank you for reading

I hope that you enjoyed reading about Carla's adventures in Germany and that you are keen to continue learning the language and boosting your skills.

This was the last book of the "Carla–Eine Portugiesin in Deutschland" series. If you understood it well, you can now start to read "real books" in German. Check out our website for recommendations: https://learngermanwithstories.com

Have you already subscribed to our newsletter? As a subscriber, you will receive a brand new short story every two months (some of them for B2 students) and will always be the first to know what's happening around the *Learn German with Stories* project. https://learngermanwithstories.com/newsletter

Can you spare a minute?

A lot of dedicated but also hard work went into writing this book and if you'd like to support it, I'd really appreciate a review. A positive review helps other people find the book and gives them an idea of what to expect.

Here's how you can do it on Amazon if you purchased the paperback or kindle version:

1. Click "Your Account" in the menu bar of your Amazon store.
2. Click "Your Orders" and select this book either from "Orders" or "Digital Orders".
3. Leave an honest review.

Made in the USA
Las Vegas, NV
21 April 2023